ARGUMENTS DES SAVANTS

HOMMES DE LETTRES, HOMMES POLITIQUES
ARTISTES ET NOTABILITÉS DIVERSES

*En faveur de la pratique du Massage
et du Magnétisme*

Par les Masseurs et les Magnétiseurs

DOCUMENTS RECUEILLIS PAR H. DURVILLE

Directeur du *Journal du Magnétisme*

I

Prix : 30 centimes

PARIS

LIBRAIRIE DU MAGNÉTISME

RUE SAINT-MERRI (4ᵉ ARR.)

Octobre 1901

APPLICATION DE L'AIMANT AU TRAITEMENT DES MALADIES, avec portraits et figures dans le texte, par le professeur H. Durville. 7º édition. In-18 de 120 pages. Prix : 20 centimes.

On sait depuis longtemps déjà que toutes les maladies nerveuses et la plupart des maladies organiques: anémie, asthme, constipation, crampes, crises de nerfs, diabète, diarrhée, douleurs, engorgements, fièvre, gravelle, goutte, hystérie, incontinence, insomnie, jaunisse, maux de tête, de dents, d'estomac, de reins, migraine, névralgie, palpitations, paralysies, rhumatisme, sciatique, surdité, tics, tremblements, vomissements, etc., etc., sont parfois très rapidement guéries par l'application des aimants.

Les douleurs vives cessent toujours au bout de quelques instants, les accès deviennent de moins en moins violents et la guérison se fait, sans médicaments et sans rien changer à son régime et à ses habitudes.

L'action curative des aimants vitalisés de M. Durville est bien plus grande que celle des aimants ordinaires. Par une disposition spéciale, ils peuvent être portés le jour et la nuit, sans aucune gêne, sans aucune fatigue. L'immense avantage qu'ils possèdent sur tous les autres traitements, c'est que l'on peut avec le même aimant, selon la nature de la maladie, augmenter ou diminuer l'activité organique, exciter ou calmer, et rétablir ainsi l'équilibre des forces qui constitue la santé.

L'*Application de l'Aimant*, très artistement éditée, avec des portraits et figures, est un ouvrage de vulgarisation des plus intéressants, tant au point de vue physique qu'au point de vue physiologique et thérapeutique. Il contient un historique de l'application de l'aimant en médecine, depuis les temps les plus reculés jusqu'à nos jours ; une étude sur la physique de l'aimant, où l'auteur révèle l'existence d'une force inconnue qu'il a découverte ; une étude plus remarquable encore sur la physiologie, où la polarité du corps humain est démontrée ; une description des pièces aimantées à employer dans un traitement, et un précis de thérapeutique qui permet au malade de se traiter lui-même sans le secours du médecin. C'est l'application des principes que l'auteur a exposés avec tant de clarté et de précision dans sa *Physique magnétique.*

Cet ouvrage, traduit en espagnol, en italien, en allemand et qui le sera bientôt en toutes les principales langues de l'Europe, se recommande particulièrement à l'attention de ceux qui souffrent; car ils sont assurés de trouver là un moyen simpl., facile et peu coûteux dn guérir ou de soulager leurs maux.

LES HALLUCINATIONS.—Etude synthétique des États physiologique et psychologique de la Veille, du Sommeil naturel et magnétique, de la Médiumnité et du Magisme, par Alban Dubet. In-18 de 180 pages. 2 fr.

L'hallucination, a été souvent confondue avec l'illusion. L'auteur s'efforce de lui donner un sens précis, et différencie tous les cas par une classification méthodique. Il étudie l'hallucination dans ses manifestations sensorielle, psycho-sensorielle, psychique, puis télépathique, normale et pathologique, individuelle et collective, pendant la veille et le sommeil naturel ou provoqué ; il traite amplement la question de la médiumnité et de la magie.

Le sujet, insuffisamment traité dans les ouvrages de médecine, est particulièrement intéressant. On y trouve beaucoup d'observations et d'arguments inédits de la plus haute importance.

LE MAGNÉTISME ET LE MASSAGE MENACÉS PAR LES MÉDECINS. Le Procés Mouroux à Angers. Nécessité d'un amendement à la loi sur l'exercice de la médecine, par H. Durville. 72 pages in-18. Prix : 20 cent.

La pratique du massage et du magnétisme est sérieusement menacée par les médecins des syndicats qui, transformant peu à peu la pratique médicale en un vulgaire métier, voudraient parvenir, au détriment de la santé publique, à posséder le monopole exclusif de l'art de guérir. Poursuivant leur œuvre d'industriels après avoir vaincu rebouteurs, masseurs, magnétiseurs des campagnes, ils s'attaqueraient certainement aux praticiens de Paris.

Les médecins syndiqués, qui ne représentent réellement qu'une insignifiante minorité, ont décidé de poursuivre tous ceux qui guérissent les malades sans être docteurs en médecine. Mais, s'ils poursuivent, certains tribunaux acquittent ; c'est le cas de la Cour d'appel d'Angers, devant laquelle trois affaires de ce genre ont été portées.

Cela ne fait pas l'affaire des médecins, qui en appellent à la Cour de cassation. Mais, sûrs d'être condamnés, ils parlent déjà de porter la question devant le Parlement, afin d'obtenir un amendement à la loi en leur faveur. C'est pour cela qu'ils ont intenté un procés à Mouroux, sachant bien que celui-ci serait acquitté en première instance et en appel.

Après avoir donné des considérations du plus haut intérêt sur la pratique du massage et du magnétisme, et sur les prétentions injustifiées des médecins, l'auteur publie les débats du procés, analyse la plaidoirie des avocats, reproduit le jugement d'acquittement du tribunal correctionnel et l'arrêt de la Cour d'appel. Il y a là des faits qui montrent l'immense avantage que le magnétisme possède sur la médecine, et des arguments qui prouvent le bien-fondé des justes revendications des magnétiseurs. Enfin, une lettre de Mouroux, un appel aux masseurs-magnétiseurs ainsi qu'à leurs partisans, pour organiser un pétitionnement dans le but d'obtenir un amendement à la loi où les droits de ceux-ci seraient établis.

On sait que les masseurs et les magnétiseurs guérissent des maux que les médecins sont impuissants à soulager. Chaque malade doit pouvoir se faire traiter comme il veut, et pour lui conserver ce droit indiscutable, ce petit ouvrage, tiré à un nombre formidable d'exemplaires, doit être répandu jusque dans les plus humbles familles. Pour arriver à ce but, la *Librairie du Magnétisme* l'envoie franco, aux conditions suivantes : 100 exempl. 7 fr. ; 50 exempl. 4 fr. 25 ex., 2 fr. 50 ; 10 ex., 1 fr. 25 ; 5 ex, 75 centimes.

LA TERRE. Évolution de la Vie à sa Surface. Son Passé, son Présent, son Avenir, 2 gros vol. in-8 de 372-387 p. avec 66 fig. et un tableau en couleurs du règne végétal et du règne animal, par Emmanuel Vauchez. Prix 15 fr.

Ouvrage d'enseignement populaire. On y trouve exposés et synthétisés tous les résultats des prodigieuses découvertes scientifiques et spiritualistes de notre époque.

Dans un style clair, à la portée de toutes les intelligences, l'auteur explique la formation du globe terrestre. Il a interrogé d'abord, résumé ensuite, l'astronomie, la physique, la chimie, la géologie, la biologie, l'anthropologie et la sociologie, sans oublier le Magnétisme et même le Spiritisme, pour nous présenter une synthèse de l'évolution de la vie matérielle et spirituelle à la surface de la terre. C'est un livre des plus intéressants, des plus instructifs, pour tous ceux qui veulent se familiariser sans efforts avec les vérités principales du monde scientifique.

HISTOIRE ET PHILOSOPHIE DU MAGNÉTISME,

avec Portraits et Figures dans le texte. Cours professé à *l'École pratique de Magnétisme et de Massage*, par ROUXEL, 2 vol. in-18. Prix du volume, 3 fr.

Comprend deux volumes qui forment deux parties distinctes : *1. Chez les Anciens*, étudiant minutieusement les doctrines de la magie chez tous les peuples civilisés de l'antiquité l'histoire des sibylles, des voyants, des prophètes et des inspirés, les guérisons miraculeuses opérées dans les temples et chez les profanes ; l'évolution du magnétisme à travers les siècles, en passant par la sorcellerie du moyen-âge, la cabale et la philosophie hermétique, sans en excepter les trembleurs des Cévennes, les miracles du diacre Paris, la baguette divinatoire, jusqu'aux prodiges accomplis par Cagliostro *2. Chez les Modernes*, analysant Mesmer, le marquis de Puységur, Deleuze, du Potet, Lafontaine, etc., jusqu'à l'hypnotisme contemporain.

Tout ce qui touche à la question du magnétisme, depuis les temps les plus reculés jusqu'à nos jours : hommes doctrines, théories, tout est étudié avec une rare érudition.

Ces deux volumes sont illustrés de portraits, figures, vignettes. Les portraits des Sibylles, d'Apollonius de Thyane, Agrippa, Roger Bacon, Paracelse, Van Helmont, Kircher, Gréatrakes, Cagliostro, Mesmer, Court de Gébelin de Puységur, Pétetin, Lavater, Deleuze, Bertrand, Noizet, Ricard, Charpignon, Teste, du Potet, Hébert (de Gernay), Lafontaine, Cahagnet, Braid, Charcot, Durand (de Gros), Luys, Allan Kardec, etc., suffiraient, à eux seuls, pour assurer le succès de l'ouvrage.

L'Histoire et Philosophie du Magnétisme laisse fort loin derrière elle tout ce qui a été écrit sur ce sujet.

LA PSYCHOLOGIE EXPERIMENTALE. — Manifeste

adressé au Congrès Spiritualiste de Londres en juin 1898, par le SYNDICAT DE LA PRESSE SPIRITUALISTE DE FRANCE. In-8° de 32 pages. Prix : 30 cent.

A côté de l'ancienne psychologie philosophico-religieuse, une branche nouvelle, la *Psychologie expérimentale*, prit naissance il y a 50 ans, et donna des résultats d'une importance considérable. L'ancienne psychologie n'a aucune preuve matérielle de la survivance de l'âme, tandis que la nouvelle en possède de certaines, d'indiscutables, acquises spontanément ou par voie expérimentale.

Expérimenter avec l'âme humaine pour sujet, voilà une étude qui paraîtra au-dessus des forces humaines à plus d'un psychologue de l'ancienne école ; et pourtant, rien n'est plus certain. On l'étudie dans ses manifestations extra-corporelles et l'on acquiert la certitude absolue, non-seulement de son existence, mais aussi de sa survivance au-delà du tombeau : la mort n'est qu'un chaînon de l'immortalité ; le mort vit et on peut communiquer avec lui.

Cet opuscule n'est pas un traité qui enseigne les moyens d'acquérir cette preuve ; c'est un exposé méthodique de tous les faits psychiques. Les incrédules trouveront des arguments sans réplique et apprendront que d'illustres savants ont patiemment expérimenté, résolu le problème et publié le fruit de leurs travaux — qui jette un jour tout nouveau sur nos destinées, en nous indiquant d'où nous venons, ce que nous sommes et où nous allons.

A titre de propagande, cette brochure est expédiée franco, aux conditions suivantes : 50 exempl.; 12 fr.; 50 ex., 7 fr.; 25, 4 fr.; 10 ex. 2 fr.

THÉORIES ET PROCÉDÉS DU MAGNÉTISME,

avec 8 Portraits et 39 figures dans le texte, par H.
DURVILLE. In-18 de 144 pages. Prix : 1 fr.

Tous ceux qui ont écrit sur le Magnétisme ont établi
des théories plus ou moins compliquées. Ils ont cherché
à faire comprendre que le Magnétisme étant inhérent à la
nature des corps organisés, tout le monde pouvait, en
employant les procédés consacrés par l'usage, l'appliquer
avec plus ou moins de succès, à la guérison des maladies.

Jusqu'à ces dernières années, les effets du Magnétisme
étaient expliqués par la *théorie de l'émission*. Un fluide,
le *fluide magnétique*, émanant de l'organisme, se communi-
quait du magnétiseur au magnétisé. Par une série de
réactions, il déterminait des modifications organiques, et la
conséquence de ces modifications se manifestait par l'amé-
lioration du malade, puis par sa guérison.

Aujourd'hui, la théorie de l'émission est abandonnée. Il
n'y a pas de fluide; mais tous les corps vibrent, et leur
mouvement se transmet par ondulations. Le mouvement
du plus fort s'impose au plus faible, au malade, de telle
façon qu'une sorte d'équilibre tend à se faire de l'un à
l'autre, et l'un gagne ce que l'autre perd.

Mais, les *Théories* ne suffisent pas, et tous les auteurs
sont d'accord pour affirmer que les *Procédés* employés ont
une importance considérable. Aussi les uns et les autres
recommandent l'emploi des passes, des applications, des
impositions, des frictions, etc.; mais aucun d'eux n'explique
la manière de procéder.

M. Durville a voulu parer à cet inconvénient et faire une
méthode simple et facile pour magnétiser. En quelques
mots, il fait l'historique de chaque procédé aux différentes
époques de l'histoire, expose la technique, et montre de la
façon la plus compréhensible, le mécanisme de tous les
mouvements. Un grand nombre de figures spéciales inter-
calées dans le texte accompagnent la description.

Si ce petit ouvrage ne suffit pas au praticien qui a besoin de connaitre tous les secrets de son art, il suffit à
l'amateur, au père ou à la mère de famille, qui veut pour
ses besoins, pratiquer le magnétisme curatif au foyer domestique. En dehors de la *Physique magnétique* du même
auteur, c'est le seul ouvrage où le Magnétisme soit expli-
qué par la théorie de l'ondulation; c'est le seul dans lequel on trouve la description méthodique de tous les procédés employés pour magnétiser, le mode d'action de chacun d'eux, et les divers cas dans lesquels on les emploie.

A ces titres, le petit ouvrage : *Théorie et Procédés du
Magnétisme* de M. H. Durville s'impose l'attention de tous.

L'ENSEIGNEMENT DU MAGNETISME à l'*Ecole pra-
tique de Magnétisme et de Massage*. Règlement Organisation, par H. DURVILLE. Statuts de la *Société magnétique de France* et du *Syndicat des Masseurs
et Magnétiseurs*. In-18 de 96 pag. 3ᵉ édit. Prix : 60 cent

Le titre de cet opuscule indique suffisamment son objet.
Rédigé avec le plus grand soin, il constitue le guide indispensable des élèves, qui trouvent là tous les renseignements nécessaires, depuis l'inscription à l'*Ecole* jusqu'aux
examens, en passant par le programme détaillé de toutes
les matières enseignées dans les différents cours. On y
voit jusqu'à la reproduction des *Diplômes*, des *Prix* et
Certificats délivrés aux élèves. Un historique de l'enseignement du Magnétisme et une appréciation sur la valeur
amorle des Diplômes de l'*Ecole*, en fait un ouvrage intéressant tous les partisans du Magnétisme et du Massage.

PRINCIPES GÉNÉRAUX DE SCIENCE PSYCHIQUE
par Albert JOUNET. Broch. de 36 pages. Prix : 20 cent.

Contient l'énoncé des lois et propriétés fondamentales de la *force psychique*, que l'auteur considère comme un agent physique. Cet agent est dans tous les êtres; à des degrés divers, il est une force universelle que peuvent soumettre, diriger et manier les êtres pensants, visibles et invisibles.

Les phénomènes psychiques sont d'ordre naturel, mais influencés ou pouvant l'être par un *surnaturel mauvais* ou un *surnaturel divin*, et suivant l'intention, l'agent psychique peut être bienfaisant ou nuisible. Il dépend de nous, de notre savoir, de nos aspirations, d'en user en bien ou en mal. M. Jounet lui reconnaît six propriétés, qui ont pour base la polarité, d'après les travaux de Reichenbach, de Rochas, Durville. En effet, la polarisation paraît expliquer les faits psychiques d'une manière claire et précise.

Quand on aura lu cet ouvrage avec toute l'attention qu'il mérite, on sera frappé de l'importance des découvertes magnétiques. La polarité expliquerait donc aussi les phénomènes spirites et occultes.

C'est d'ailleurs la conclusion qui se dégage de ce remarquable travail. A titre de propagande, la brochure est expédiée franco aux conditions suivantes . 100 exempl., 7 fr. ; 50 exemp., 4 fr.; 25 ex., 2 fr. 50 ; 10 ex., 1 fr. 25.

LA DOCTRINE CATHOLIQUE ET LE CORPS PSYCHIQUE, par ALBERT JOUNET. Broch. de 72 p. Prix . 20 cent.

Cet opuscule peut être envisagé sous deux points de vue: 1º catholique orthodoxe ; 2º de recherche scientifique. Les catholiques, instruits, chercheurs, verront que la science n'est pas ennemie de la *vraie* Foi ; et les hommes scientistes purs, sans préjugés, pourront constater qu'un homme de foi véritable peut être aussi un indépendant dans la libre recherche, aussi bien dans le visible que dans l'invisible.

Le corps psychique, ou double organique, est considéré par l'auteur, d'accord avec certains docteurs de l'Église, comme une probabilité équivalant à une démonstration. Les faits à l'appui, très nombreux, sont passés en revue d'une façon méthodique. Il y a des arguments absolument péremptoires.

La connaissance tend à remplacer la croyance ; et évidemment, tel est bien le but de la Science.

Ce petit ouvrage ouvrira les yeux d'un grand nombre de catholiques et les décidera à entrer résolument dans la voie scientifique, la seule qui puisse mener l'homme à la connaissance rationnelle pe ses destinées.

ANALOGIES ET DIFFERENCES ENTRE LE MAGNÉTISME ET L'HYPNOTISME, avec 8 portraits, par J.-M. BERCO. Mémoire couronné par la *Société Magnétique de France* In 18 de 72 pages. Prix 60 cent.

Qu'est-ce que le Magnétisme, qu'est-ce que l'Hypnotisme? Est-ce une seule et même chose, sont-ce deux ordres de phénomènes différents? Depuis que les magnétiseurs ont été de roussés par les hypnotiseurs, il n'y a que les Maîtres de l'art qui en savent quelque chose. Pour le plus grand nombre des médecins et des savants qui observent la *mode scientifique*; pour le paysan comme pour le badaud des grandes cités qui suivent les moutons de Panurge sans savoir pourquoi; même pour beaucoup de gens du monde, le Magnétisme est mort et l'Hypnotisme seul subsiste.

C'est une erreur profonde ; le Magnétisme, très ancien n'a jamais cessé d'exister, et l'Hypnotisme n'est qu'un enfant. Le premier est le père de celui-ci, et les deux *vivent* côte à côte ; mais ils vivent en mauvaise intelligence ; le fils, qui est fort loin d'avoir les qualités du père, en mauvais qu'il est, cherche à cacher sa paternité.

Les hypnotiseurs, et avec eux la plus grande partie des savants, ont jeté la confusion la plus déplorable sur la question. Si les uns ont affirmé que le Magnétisme ancien est devenu l'Hypnotisme nouveau, d'autres soutiennent que le premier n'a jamais rien valu et que le second mérite seul la confiance du public. D'autres enfin, et c'est le plus grand nombre, même parmi les praticiens, continuent à admettre et à pratiquer le Magnétisme comme on le faisait il y a cinquante ans ; mais ils lui donnent le nom d'Hypnotisme, plus nouveau et mieux à la mode. Enfin, la question est si embrouillée que le plus fort finit parfois par ne plus rien y comprendre.

C'est pour résoudre cette importante question que la *Société Magnétique de France* l'a mise au concours. Des mémoires lui ont été remis, et celui qui fait objet de ce travail a obtenu le Premier prix.

La confusion n'est pas possible ; il y a deux ordres de phénomènes : le *Magnétisme* d'une part, l'*Hypnotisme* de l'autre. On observe certaines analogies entre eux, mais encore davantage de différences. Ces *Analogies* et ces *Différences*, exposées avec la méthode la plus rigoureuse, montrent qu'il est impossible de les confondre ensemble sous une même dénomination.

Les *Analogies et Différences entre le Magnétisme et l'Hypnotisme* constituent l'ouvrage le plus intéressant, qui se soit jamais adressé aux partisans d'une doctrine scientifique, car il doit mettre fin à une déplorable hérésie scientifique.

SECRETS MERVEILLEUX pour la guérison de toutes les maladies physiques et morales, par l'abbé Julio. In-18 de 587 pages, avec 2 portraits et 22 figures coloriées. Reliure souple. Prix 12 fr.

Ce volume, qui a coûté à l'auteur deux ans de recherches patientes est le complément des *Prières merveilleuses* dont la dernière édition, répandue dans tous les pays du monde, est maintenant épuisée.

Les Secrets merveilleux sont le *vade-mecum* de ceux qui veulent faire du bien à leurs frères ; car, contenant les secrets des guérisseurs de tous les pays, ils opèrent des cures merveilleuses et résument tous les ouvrages antiques occultes, qui sont presque introuvables.

Ce livre est demandé même par les prêtres intelligents, d'abord parce qu'il est orthodoxe, contenant les formules rituelles consacrées par l'église et approuvées par le souverain Pontife ; ensuite parce que ce précieux recueil leur apprend à sauvegarder les intérêts matériels de leurs paroissiens, à se faire mieux comprendre et aimer d'eux, expérimentant ainsi que par les choses temporelles on atteint plus sûrement les spirituelles.

Il est surtout le livre de chevet de ceux qui souffrent car, avec la foi, il n'est pas une maladie que l'on ne puisse guérir, une seule grâce que l'on ne puisse obtenir.

ARGUMENTS DES SAVANTS

HOMMES DE LETTRES, HOMMES POLITIQUES,

ARTISTES ET NOTABILITÉS DIVERSES

En faveur de la Pratique du Massage
et du Magnétisme
Par les Masseurs et les Magnétiseurs

ENQUÊTE DU COMITÉ D'INITIATIVE MAGNÉTIQUE

Dans le but de faire une **Enquête** sur l'opportunité de la campagne entreprise par le *Comité d'Initiative magnétique*, la lettre suivante, avec formule pour réponse, ne serait-ce que par *oui* ou par *non*, a déjà été adressée à un certain nombre de notabilités médicales, scientifiques, littéraires, politiques, artistiques, etc.

Sous les auspices du *Syndicat de la Presse spiritualiste de France*, de la *Société française d'Etude des Phénomènes psychiques*, de la *Société magnétique de France*, de l'*Ecole pratique de Magnétisme et de Massage*, du *Syndicat des masseurs et magnétiseurs* et de Tous ceux qui pensent que le malade doit pouvoir demander la santé au guérisseur, médecin ou non, qui a le plus de chance de l'obtenir.

Un Comité s'est formé au *Journal du Magnétisme*, dans le but d'obtenir une loi qui modifierait celle du 30 novembre 1892 sur l'exercice de la médecine, pour permettre la pratique du Massage et du Magnétisme aux masseurs et aux magnétiseurs non médecins, à la condition que ceux-ci soient suffisamment instruits.

Pour juger de l'opportunité de cette proposition, le *Comité d'Initiative magnétique* fait une enquête auprès des Médecins, des notabilités des Sciences, des Arts, des Lettres, de la Politique, du Barreau, etc., pour obtenir d'eux une réponse à la question suivante :

Pensez-vous que les Masseurs et les Magnétiseurs non médecins, mais suffisamment instruits, puissent, sous la garantie des lois de droit commun, appliquer leur art au traitement des maladies ?

Vous êtes instamment prié de vouloir bien lui répondre, ne serait-ce que par *oui* ou par *non*.

En attendant, nous vous prions, Monsieur, de vouloir bien agréer, avec nos remerciements anticipés, toute notre reconnaissance.

Pour le Comité : *Le Secrétaire délégué,*
H. DURVILLE.

Adhésions collectives

Le Congrès magnétique international de 1889, le Congrès Spirite et Spiritualiste International de 1900 (60,000 adhérents), le Syndicat de la Presse spiritualiste de France, la Société française d'Etude des Phénomènes psychiques, la Société magnétique de France, l'Ecole pratique de Magnétisme et de Massage, le Syndicat des Masseurs et Magnétiseurs.

Adhésions individuelles

MM. le *comte* d'Aboville, *ancien député ;* le *docteur* M. Adam ; Alhaiza, directeur de la *Rénovation ;* Allar, *statuaire ;* J. Allix, *publiciste ; docteur* Arnulphi fils, Nice ; *Arsène* Alexandre, hom. de lettres ; Ph. Audebrand, hom. de lettres.

Ballu, *ingénieur ;* Barlet, directeur de la *Revue Cosmique ; docteur* Bataille, *sénateur ;* Baudelot, dir. du *Spiritualisme moderne : docteur* Bénard ; *docteur* Berjoan, Vinça (Pyr. Or.) ; *docteur* Bertrand Lauze, Alais ; *docteur* Bévalot, Léon Bienvenu (Touchatout), directeur du *Tintamarre;* J. Blanc, *publiciste ;* E. Blémont, *hom. de lettres ;* Boivin-Champeaux, avocat ; Bourgoin-Lagrange, anc. magistrat : docteur Boucher, Saint-Servan ; *docteur* Bouhében ; Bouvier, directeur de la *Paix universelle ;* Antide Boyer, *député ;* J. Brieu, *publiciste ;* Bricaud, *publiciste,* Lyon; Brothier de Rollière, *ingénieur ;* G. Buron, *adm. de la Soc. Générale.*

Castel, *inspecteur général des mines, en retraite :* docteur Cautetot, Les Sables d'Olonne; C. Chaigneau, dir. de l'*Humanité intégrale;* H. de Chamaillard, *sénateur ;* de Chambure, *dir. de l'Argus de la Presse ;* Fél. Champsaur, hom. de lettres : *docteur* Charvillat, Clermont-Ferrand ; Chauvin, *adm. gén. de l'Odéon ;* Chessé, *anc. gouv. de la Guyane ;* Chincholle, vice-président de la *Soc. des Gens de Lettres ;* A. Cim,

de la *Soc. des gens de lettres*; Comby, avocat; l'abbé
Constantin, directeur du *Sauveteur*; le *comte de* Constantin, prés. du *Congrès magnétique de 1889* ; le vice-
amiral Conte; J. Corday, hom. de lettres; J. Cordier,
avocat, anc. député; A. Cornet, anc. *Conseiller mun.*

Dalsème, *homme de lettres*; C. Debans, *homme de
lettres*; G. Delanne, *ingénieur*, dir. de la *Revue scientifique et morale du Spiritisme*; Demesse, *homme de
lettres*, docteur Denouve, dir. de la *France aérienne*;
Léon Denis, président du *Congrès spiritualiste de 1900*,
Tours; Desbeaux, de la *Société des Gens de Lettres*;
docteur Desjardin de Régla, dir. de l'*Estafette*; Draner,
art. dessinateur; Dubief, *Consul de France*; G. de Dubor, *homme de lettres*; Duesberg, *art. dramat.*; F.-G.
Dumas, *publiciste*; docteur Dupouy, dir. du *Moniteur
de l'Hygiène publique*; P. Dupré, *conseiller à la Cour
de Cassation*; A. Duquet, *historien militaire*; Duval,
dir. de la *Tribune psychique*; L. Duvanchel, *homme
de lettres*.

Docteur Encausse (Papus), dir. de l'*Initiation*; A.
Erny, *homme de lettres*.

Fabart, dir. du *Franc Parleur*, Montdidier; Fabius
de Champville, dir. de l'*Écho au IXe arrondissement*;
L. de Faget, dir. du *Progrès spirite*; Eug. Farcy,
anc. député; de Faugère, président du *Congrès de
l'Humanité*; Fenal, *député*; Féret, *publiciste*; doct.
Foveau de Courmelles; H. France, hom. de lettres;
le *comte de* Franqueville, *de l'Institut*; José Frappa,
artiste-peintre; D. Fuller, *artiste-peintre*.

Gaillard, *ancien député*; Gautret, *député*; *docteur*
Gaucher, Les Sables d'Olonnes; *docteur* Gaudin, Les
Sables d'Olonne; Gavault, *hom. de lettres*; Gavot, *conseiller général*, Gervaise, *député*; L. Girardot, *hom.
de lettres*; Giraud, *sénateur*; *docteur* Godet, *conseiller général*, Les Sables d'Olonne; O. de Gourcuff,
hom. de lettres; R de Gourmont, *homme de lettres*;
Ch. Grandmougin, *hom. de lettres*; Mme Lucie Grange,
dir. de la *Lumière*; Grébeauval, *conseiller municipal*; Grimelund, *artiste-peintre*; Grouard, *avocat*, réd.
en chef de la *Revue des Tribunaux*; Gung'l, *homme
de lettres*.

Docteur Haas, *ancien député au Reichstag*, Nancy;
E. Hache, *homme de lettres*; Harmois, dir. de l'*Avocat*;
docteur Hermann; Hoffmann, corr. du *Publicateur
des Côtes-du-Nord*; Clovis Hugues, *député*.

Issanchou, dir. de la *Plume libre*.

Jean-Bernard, *homme de lettres*; Jollivet-Castelot,
dir. de l'*Hyperchimie*; A. Jounet, dir. de la *Résurrec-
tion*; l'abbé Julio, dir. de l'*Étincelle*.

Docteur Lalande, Lyon; docteur *Lassalette*, Pau;
Le Leu, *hom. de lettres*; J. Lermina, *hom. de lettres*;
Lessard (Verdad), dir. des *Temps meilleurs*, Nantes;
Leymarie, dir. de la *Revue Spirite*; *docteur* Liébault,
Nancy.

Docteur Madeuf, *dir. du Journal du Mal de Mer*;
P. et V. Margueritte, *hommes de lettres*; G. de Massue,
publiciste; docteur Mélik, Les Sables d'Olonne; Gas-

ton Méry, *conseiller municipal,* dir. de l'*Echo du Merveilleux* ; *docteur* G. de Messiny, La Vacquerie (Hér.); *docteur* Michaux, Aubervilliers ; E. Michelet, *homme de lettres* ; G. Montorgueil, *homme de lettres; docteur* Moutin.

Docteur Palos, Les Sables d'Olonne ; *docteur* Pardoux, Clermont-Ferrand ; J. Pillet, *ing. des Arts et Manuf.* ; *docteur* Popleton, Luzarches (S.-et-O.) ; *docteur* Portaz, Pont-de-Beauvoisin (Isère); *docteur* Potier, *conseiller général,* Les Sables d'Olonne.

Mme Renooz, *fem. de lettres* ; A. de Rochas ; Rouxel, réd. au *Journal des Economistes.*

Sédir, dir. du *Voile d'Isis; docteur* Speakman, Pau ; *docteur* Surville, Toulouse.

Tergan, dir. de l'*Echo du Magnétisme* ; Thiaudière, *hom. de lettres* ; Trarieux, *sénateur,* Nice; *doct.* Tripier; *doct.* Toussaint, Argenteuil ; *docteur* Turigny, *député.*

Albin Valabrègue, *publiciste* ; Vandérist, réd. en chef du *Messager de Liége* ; des Varennes, hom. de lettres; Varinard, *exp. en écritures* ; Emm. Vauchez, fondateur de la *Ligue nat. de l'Enseignement; docteur* Vindevogel, dir. du journal *Connais-Toi* et réd. au *Médecin;* G. Vitoux, *homme de lettres.*

Les suivants n'ont répondu oui que pour le Massage.

MM. L. Cazeneuve, *dir. du Grand-Hôtel* ; M.G. Danville, *homme de lettres; docteur* Gelma; *docteur* Verrier.

Les suivants n'ont répondu ni oui ni non, se considérant généralement comme incompétents.

MM. Andrieu, avocat; *général* Arnoux; *général* Béziat ; *baron de* Boissy d'Anglas ; Crosti, *prof. au Conservatoire* ; A. A. Damour, *de l'Institut* ; de Freycinet, *ancien ministre* ; P. Ginesty, *hom. de lettres.;* *général* Japy, *sénateur* ; Millerand, *ministre du commerce* ; L. Ricard, *député.*

Nota. — *Tous ceux dont les noms ne sont suivis d'aucune indication de lieu, habitent à Paris.*

L'objet de cet ouvrage, qui sera publié en brochures analogues à la présente, contient les **Arguments** que les Savants, hommes de lettres, hommes politiques, artistes et notabilités diverses ont adressés au *Comité d'Initiative magnétique* avec leur adhésion.

Les **Arguments** des médecins sont publiés dans une autre série de brochures.

ARGUMENTS DES SAVANTS

I

M. J. Cordier, *avocat, ancien député, Paris.*

Je suis d'autant plus assuré par une réponse affirmative à la question posée qu'un trop grand nombre de médecins demeurent encore, surtout en province, absolument hostiles aux théories et aux pratiques magnétiques. Or, dans un grand nombre de cas, surtout pour des affections nerveuses, il n'y a que deux remèdes efficaces — il n'y en a pas trois — l'*Eau froide* et le *Magnétisme*. Les médecins anti-magnétiques, par esprit de routine, de jalousie, de présomptive ignorance, s'obstinent à ricaner quand on leur parle *fluide* ou *suggestion*. Ils bourrent leurs malades de bromure, de chloral, d'opium, et autres drogues pernicieuses qui achèvent de les détraquer.

Heureux les névropathes qui tombent sur un magnétiseur. Malheur à ceux qui tombent (et c'es le cas le plus fréquent) sur un médecin ordinaire !

Quand à moi personnellement, il m'arrive maintes fois dans ma famille, auprès de mes amis, de faire disparaître en dix minutes des névralgies, des migraines, des dyspepsies nerveuses, *des poids sur l'estomac*, comme disent les malades, et de soulager des crises *très-fortes*, de les juguler ; évidemment elles reparaissent plus tard, mais par une pratique magnétique fort simple, appuyée sur une volonté forte, agissante et *bonne*, sans le secours d'aucune drogue ni d'aucun médecin. Le tout *sans endormir* les patients.

Quand aux *masseurs*, il faudrait veiller à ce qu'ils ne fussent pas de simples *rebouteurs*. Car les rebouteurs, à mon avis, estropient un peu plus de gens qu'ils n'en guérissent.

II

M. F.-J. Pillet, *Ingénieur des Arts-et-Manufactures*, Paris.

Vous voulez bien me demander de répondre au questionnaire que vous m'avez adressé, la chose me paraît assez délicate, n'étant pas professionnel.

En l'espèce il me paraît que la réponse doit être *Oui :* non seulement au nom de la liberté pour chacun de choisir le sujet de ses études, au nom de l'émulation produite par la concurrence, par les résultats souvent opposés des recherches entreprises, mais encore pour les raisons suivantes :

Le cerveau offre suivant moi, une capacité de travail parfaitement déterminée, se maintenant dans une certaine moyenne : il en résulte qu'un homme serait fou de vouloir prétendre approfondir toutes les branches des connaissances humaines et aspirer à la maîtrise dans chacune d'elle : rêver ces choses c'est se préparer un futur domicile dans une maison d'aliénés.

Les personnes qui étudient vont donc se diviser en deux grandes vérités cérébrales. — Les unes ayant une capacité de mémoire très grande, une facilité de compréhension très rapide, vont acquérir un bagage encyclopédique considérable, soit par l'enseignement des maîtres, soit par les compilations des ouvrages de science. En raison de leur orientation cérébrale ils deviendront des diplômés remarquables, des Labadens hors pairs.

Nous les considérons comme de futurs savants, de bons professeurs encyclopédiques, des bénédictins de bon aloi, enfin il serait d'excellents.

Théoriciens. Les diplômes qu'ils auront acquis comme en se jouant, offriront au public une bonne garantie pour la somme des connaissances étendues qu'ils auront acquises.

Mais a côté d'eux il existe d'autres cerveaux qui ne jouissent pas au même degré de cette facilité d'assimilation : esprits plus lents peut-être, mais patients, inventifs et tenaces : ils ne conquièrent que difficilement les grades, et parfois n'obtiennent rien du tout. Ceci ne veut pas dire qu'ils sont sans capacité et sans valeur. Non. Ils ont des aptitudes tout autres et le diplôme ne peut s'appliquer à leur cas, ils échappent à cette unité de commune mesure ; l'effort accidentel de l'examen ne leur est pas possible, soit, mais ils savent mieux que les autres en raison de leur tournure cérébrale, persévérer dans une voie déterminée sans arrêts, ni défaillances ; esprits inventifs, patients, observateurs et créateurs, ils ne retiennent des données étendues de la science moderne que ce qu'il faut pour telle ou telle étude plus particulière, insoucieux du qu'en dira-t-on, ils vont du même pas tranquille et deviennent bientôt d'excellents *Praticiens*.

Il n'y a pas à se dissimuler, la capacité cérébrale forcément limitée, conduit au classement par spécialité et nous avons en vis à vis, avec leurs valeurs respectives et leurs points faibles aussi, le *Théoricien* et le *Praticien*. Le premier peut se trouver plus ou moins chamarré de diplômes, celà ne saurait nullement prouver sa supériorité sur le second. Prétendre qu'il est possible de trouver à la fois un individu en état normal qui soit tout à la fois le *théoricien* accompli et le *praticien* impeccable, est chose trop osée pour la prendre au sérieux : il y a presque là, entre eux, un antagonisme latent et inconscient ; pour être extraordinaire il vous faudra, que vous le vouliez ou non, devenir ou l'un ou l'autre ; prétendre aux deux à la fois c'est se condamner à la médiocrité.

Du reste l'expérience journalière suffit à prouver la justesse de ce qui précède.

Qu'il s'agisse d'Architectes, d'Ingénieurs, ajoutons de Médecins, si l'homme produit des œuvres de compilation remarquables ; coordonne de façon entendue les découvertes et les arrangements des autres, devient bon encyclopédiste, bon professeur et bon critique, il sera presque toujours incapable de créer de façon géniale. Il semble que la nature, toujours bonne mère, a voulu limiter ses avantages et lui a dit tu n'iras pas plus loin.

Il faut pour la création de Génie, pour l'invention ou la découverte d'une méthode de traitement ; une observation patiente et journalière, la tension cérébrale vers un but défini et limité : peu d'encombrement encyclopédique dans les cellules enregistreuses de l'encéphale : un esprit chercheur et inventif, un besoin de comparaison et de coordination. Mais alors nous avons le Praticien qui crée, observe et opère.

Si nous avons besoin d'action, de création, d'opération c'est ce dernier que nous devons prendre et non le premier, qu'il s'agisse d'Architecte, d'Ingénieur ou de Médecin.

Si le diplôme est excellent pour garantir au public une somme déterminée de connaissances scientifiques acquises par le titulaire, il ne saurait être dans sa forme actuelle un brevet de capacité créatrice et de pratique professionnelle. Le Praticien se forme en pratiquant ; aussi défendre à ce dernier au bénéfice du seul diplômé, d'agir et d'inventer, ce serait se priver bénévolement de recherches aussi utiles pour tous qu'intéressantes.

La difficulté de réunir la valeur du *théoricien* et celle du *praticien* est telle, que nous pourrions citer à profusion des exemples de cette presque impossibilité d'être à la fois et l'un et l'autre.

Je prendrai un exemple bien typique parce que le nom est très connu de tous : c'est le cas de

Viollet le Duc. Cet architecte a laissé une œuvre remarquable et très étendue. Ses livres ont une grande valeur critique, il a effectué des reconstitutions savantes, les conseils qu'il a donnés sont excellents et ont fourni de bons résultats lorsqu'ils ont été mis en pratique par ses élèves ou ses admirateurs : son influence prépondérante fut avantageuse pour tous; nous lui devons beaucoup et c'est suivant moi un *théoricien* remarquable. Et maintenant cherchons ce qu'il a su créer, lui qui savait si bien définir ce qu'il y avait à faire pour rénover l'art architectural. N'insistons pas sur ses essais et ses inventions, il vaut mieux ne pas les signaler à la postérité. *Théoricien* éminent, son cerveau se refusait quoiqu'il fasse à l'œuvre créatrice, il savait trop pour pouvoir inventer ou pratiquer sur un tout réduit : il ne pouvait posséder les qualités du *praticien*, observateur patient et inventif.

Puisque la création reste une œuvre de recherche et d'observation journalière, une conséquence latente du travail cérébral absorbé par une direction particulière, qu'elle est presque inversement proportionnelle au bagage encyclopédique acquis, il me paraît juste que le *Praticien* suffisamment instruit, amoureux de son art, conciencieux et patient puisse pratiquer, c'est-à-dire exercer, lorsqu'il offrira, même sans diplôme, à sa clientèle : la garantie professionnelle indispensable, c'est-à-dire une pratique et une expérience suffisantes.

Et c'est pour cela que je réponds *Oui*.

Vous voudrez bien excuser les observations un peu longues d'un ingénieur plusieurs fois diplômé, quelque peu artiste; mais qui n'est ni médecin, ni magnétiseur, ni masseur, ni hypnotiseur.

III

M. Roger des Varennes, *homme de lettres,* **Paris**

Paracelse a dit quelque part, dans ses œuvres, qu'il ne devait pas sa science de guérir à l'école de Galien qui dit *non* ni à celle d'Hippocrate qui dit *oui,* mais qu'il la tenait d'à côté de l'école, c'est-à-dire des rebouteurs et des soi-disant sorciers. Il avait pris d'eux la facilité du massage et les « passes » mystérieuses fluidiques qui calmaient et guérissaient les maladies nerveuses : le plus grand nombre des maladies en somme. Les autres, il les guérissait avec des simples.

Les médecins de bonne foi, ceux qui sont instruits et dont l'intelligence est ouverte à la lumière, ceux là savait la précarité de la science des facultés : ils sont avec vous. Vos ennemis sont malheureusement légion, car ils comprennent cet immense bloc de diplômés gonflés d'orgueil et... d'insuffisance.

J'ai mille fois entendu dire par des médecins qu'ils étaient découragés par la pauvreté de leur bagage scientifique et je les ai vus envoyer leurs malades — pour eux incurables — chez des rebouteurs qui les guérissaient.

Le monopole de l'exercice de la médecine chez les diplômés est un pur scandale, comme celui du barreau. Tout individu doit être admis à soulager son semblable sous la protection des lois de droit commun, qu'il soit diplômé ou non.

———

IV

M. A. Chauvin, *administrateur général de l'Odéon,* **Paris.**

Oui... Qu'importe le geste, si le résultat est obtenu.

———

V

M. M. Corday, *homme de lettres,* Paris.

Oui, car nous savons si peu de choses que c'est une prétention ridicule que de donner à certains des brevets de science et d'interdire aux autres un essai loyal de leur méthodes de cure.

D'ailleurs, du moment qu'on laisse deux cent mille pèlerins demander à N.-D. de Lourdes, chaque année leur guérison, on doit également laisser chacun libre d'espérer en l'habileté d'un masseur ou l'influence psychique d'un magnétiseur.

VI

M. E. Desbeaux, *homme de lettres, directeur honoraire de l'Odéon,* Paris.

Je pense, comme vous le dites fort justement, que le malade doit pouvoir demander la santé au guérisseur — médecin ou non — qu'il juge avoir le plus de chance de la lui obtenir, et que la garantie des lois de droit commun est plus que suffisante.

VII

Le *Vice-Amiral* Conte, Paris.

Oui :

1º Parce qu'il me semble que cette mesure ne pourrait dans aucun cas avoir de sérieux inconvénients.

2º Parce que je sais par ma propre expérience qu'elle serait la source de grands avantages.

VIII

M. *Léon* Bienvenu (Touchatout), directeur du *Tintamarre*, Paris.

Oui, pour les raisons que j'ai eu le plaisir d'exposer à ce propos, très consciencieusement, quoiqu'en blaguant, dans l'article suivant du *Tintamarre* du 6 janvier :

M. *Paul* Dupré, *conseiller rapporteur à la Cour Suprême.*

J'ai vu avec plaisir Monsieur le Conseiller, que vous aviez conclu au rejet du pourvoi en cassation présenté par M. le procureur général d'Angers et M. Grippat, président du Syndicat des médecins de Maine-et-Loire.

Il s'agit de trancher cette question :

Un magnétiseur qui fait suivre le traitement magnétique à un malade tombe-t-il sous le coup de la loi relative à l'exercice de la médecine ?

La Cour d'Angers a répondu : *Non*, en acquittant un magnétiseur, M. Mouroux, qui avait traité plusieurs malades en leur passant la main sous le nez, sur la tête, derrière les oreilles et dans toutes sortes d'endroits.

Mais M. le procureur d'Angers et M. Grippat, président du Syndicat des médecins de Maine-et-Loire, n'ont pas entendu de cette oreille-là.

Pour eux, passer ses doigts sur les joues de quelqu'un qui souffre de la migraine est faire exercice de médecine, et comme le magnétiseur, en question, M Mouroux, n'est pas diplômé docteur en médecine, ils entendent le faire condamner pour usurpation de fonctions.

Et ils se sont pourvus en cassation contre l'arrêt de la Cour d'Angers.

La Cour Suprême est saisie de l'affaire, et c'est vous, Monsieur le Conseiller Paul Dupré, qui avez été, paraît-il, chargé de rédiger le rapport.

On a fort bien choisi, à mon avis, en vous confiant ce travail, Monsieur le Conseiller, puisque je lis dans les feuilles que vous avez conclu au rejet de ce pourvoi, — qui me semble, à moi aussi, bien enfantin, — par ce motif que, dans les travaux préparatoires de la loi sur l'exercice de la médecine, les magnétiseurs ont été considérés comme n'exerçant pas en fait la profession de médecins.

Votre argument me semble des plus justes, Monsieur le Conseiller ; car je ne vois pas du tout pourquoi le premier venu, qui ne donne aucune drogue à absorber à un de ses pareils qui souffre, pourrait être privé du droit d'essayer de le soulager en lui fourrant ses doigts dans le nez, si le malade y consent et a confiance.

A chaque instant, vous rencontrez des gens qui se soignent sans avoir recours à la Faculté, sur le simple conseil d'un ami qui a souffert du même mal qu'eux et s'est guéri.

Il faudrait donc poursuivre aussi cet ami pour exercice illégal de la médecine.

Est-ce qu'on ne lit pas tous les jours dans les journaux des machines dans ce goût :

« Si vous toussez, prenez, avant chaque repas,
« une cuillerée de sirop Mistenflûte, et vous serez
« soulagé en trois jours. »

Et pourtant, ce Mistenflûte n'est pas docteur.

Il faudrait donc l'enfermer aussi ?

Et dans les campagnes !... Ces « *rebouteux* », très habiles et de beaucoup d'expérience souvent, qui vous remettent d'une entorse aussi bien qu'un chirurgien en chef du Val-de-Grâce !...

Est-ce qu'ils ont leur diplôme de docteur ?

Alors, il faudrait donc les poursuivre aussi ?

Et les masseurs des établissements hydrothérapiques !...

Et les masseuses !...

Et les pédicures !...

Et les manicures !...

Tous ces braves gens enfin, qui, sans brevet de docteur, soulagent de leur mieux l'humanité,

Il faudrait donc aussi les assimiler à des malfaiteurs et les empêcher de faire du bien à leurs semblables, à meilleur marché, et souvent mieux, que des charlatans estampillés à cinquante francs la visite ?

Il me tarde, Monsieur et cher Conseiller, de lire, dans tous leurs détails, les considérants de votre rapport, concluant à la liberté des magnétiseurs, au magnétisme libre dans l'état libre, comme on dit à Montmartre.

Et j'espère être, sur beaucoup de points, d'accord avec vous. Ce qui me flattera.

Evidemment, je ne trouve pas mauvais que l'on délivre à certains citoyens à qui ça fait plaisir, des diplômes de médecins, puisqu'il y a des malades qui aiment ça.

Mais enfin, ce n'est pas une raison pour priver ceux qui aiment mieux autre chose de la liberté de se faire soigner par qui leur convient.

N'est-ce pas votre avis, Monsieur le Conseiller ?

En attendant le plaisir de déguster les arguments sur lesquels vous vous êtes appuyé pour conclure à la liberté des magnétiseurs, — et par conséquent à celle des magnétisés, — j'ai l'honneur, Monsieur le Conseiller, de vous présenter mes compliments et mes salutations cordiales.

IX

M. *Albin* Valabrègue, *auteur dramatique*, Paris.

Au seuil du vingtième siècle, nous inscrivons ces mots sauveurs :

SPIRITUALISME — SPIRITISME — MAGNÉTISME

Ces trois mots résument la Science de Demain.

X

M. *le comte* de Faugère, *président du Congrès de l'Humanité*, Brioude (Haute-Loire).

Oui, attendu:

Qu'il est incontestable que la science officielle ne connait pas la source ni la cause de la vie, et qu'elle ignore celles de la maladie, surtout lorsqu'elle est d'origine nerveuse ;

Que le fluide magnétique, fluide vital ou nerveux est en tout cas l'agent de la manifestation de la vie ou l'intermédiaire entre le principe de vie inconnu et l'organisme corporel ;

Qu'il est constaté que certaines personnes ont ce pouvoir ou don naturel, par excès de fluide vital ou autre cause, d'exercer une *action favorable* sur le fluide vital des malades et par suite améliorer la santé ou même les guérir totalement ; que ces faits, lors même qu'ils seraient insuffisamment explicables, ne sont pas moins certains, puisqu'il est constaté journellement que de nombreux malades abandonnés par la thérapeutique officielle sont soulagés et guéris par le magnétisme et le massage magnétique ;

Que d'ailleurs tout malade a le droit de chercher sa guérison où il lui semble bon devoir la trouver ;

Que c'est une liberté élémentaire incontestable ;

J'estime *absolument* que la loi doit accorder aux masseurs et magnétiseurs, *même non médecins,* mais suffisamment instruits, et sous la garantie du droit commun, le droit d'appliquer leur art au traitement des maladies.

XI

M. *Ph.* Audebrand, *homme de lettres*, Paris.

Oui, car le xxᵉ Siècle est l'âge des libres recherches.

XII

M. *Irénée* Blanc, *publiciste*, Paris.

Oui, et voici pourquoi :

L'Enseignement supérieur est organisé de telle façon que les docteurs qu'il *fabrique* ne savent presque rien. Ils n'apprennent que par la pratique quotidienne. En réalité, un masseur ou un magnétiseur qui a dés aptitudes spéciales est, pour ce qui le concerne, l'égal d'un médecin actuel pour la médecine.

J'ajoute que la vérité scientifique est comme toutes les vérités ; soumise au grand jour de la Liberté, elle finit toujours par triompher. Comme j'ignore si le massage et le magnétisme sont des vérités ou des erreurs, j'estime qu'on doit leur laisser la liberté de se manifester avant de les juger.

XIII

M. **Varinard**, *directeur du journal* « la Graphologie », *expert en écritures*, Paris.

Je considère que les magnétiseurs et les masseurs peuvent être très utiles, en appliquant leur art au traitement de certaines maladies, parce qu'ils y apportent un élément biologique que toutes les médications du monde ne peuvent suppléer.

Qu'ils regardent, en outre, le malade comme un être psychologique vivant et non pas comme une simple machine douée de mouvement, sur laquelle on peut expérimenter tout ce que l'on veut physiquement, sans se préoccuper des répercutions morales qui peuvent se produire.

Mais, bien entendu, il importe que le masseur et le magnétiseur soient instruits et que leur nature soit bonne et saine pour que leur action soit vivifiante.

XIV

M. l'abbé A. Petit, ex-rédacteur à l'*Aurore* (de Lady Caithness), Romescamps (Oise).

Après la liberté de conscience, qui regarde le for intérieur, il n'y a pas de liberté plus précieuse que celle de se faire soigner par qui l'on veut, et de la manière que l'on juge préférable. Et on devrait pouvoir attaquer devant les tribunaux les maladroits, à quelque catégorie qu'ils appartiennent, diplômés ou non, qui commettent de graves imprudences ou s'ingèrent dans des sciences qu'ils ignorent, en dépit de leurs diplômes.

Tous mes encouragements.

XV

M. Paillet, Rochefort.

En l'année 1850, au mois de juillet, ma mère fut atteinte d'une maladie dont la cause était son âge critique ; comme mon père était d'une Société de secours mutuels dans laquelle il y avait deux médecins de divisions, Est et Ouest, nécessairement mon père fit venir celui de la division à laquelle il appartenait. Celui-ci après avoir sondé et palpé ma mère ne connut point ce qu'elle avait, néanmoins il ordonna, mais les remèdes furent inefficaces et de jour en jour le mal empirait, le médecin eut recours à son collègue. Ils se consultèrent, mais ni l'un ni l'autre ne purent arriver à procurer le moindre soulagement.

Il y avait, en ville, trois autres médecins, indépendants de toute société, auxquels on eut recours, ils formèrent un conseil et finalement tous déclarèrent qu'il n'y avait rien à faire, qu'elle était perdue, et tous l'abandonnèrent.

Effectivement, la malade était au plus bas, les crises se succédaient de vingt en vingt minutes et à la fin de chacune d'elles la malade retombait à l'état comateux.

Après la décision des médecins, il vint à mon père l'idée d'appeler auprès de ma mère une dame Vve Merveilleux, habitant la ville, qui était masseuse-magnétiseuse et dont la renommée s'étendait très loin de chez elle. Celle-ci ne se fit point prier pour venir et aussitôt qu'elle l'eut vue elle nous dit : Il est grand temps de la soigner mais je peux répondre de la guérir.

Après trois jours de soins ma mère allait mieux, cette bonne dame continua pendant trois mois, temps qu'il a fallu pour obtenir une guérison radicale.

Comme vous voyez, cinq médecins diplômés la condamnent, et une femme sans diplôme la sauve.

Ma mère n'est décédée qu'en août 1882, c'est-à-dire plus de 32 ans après sa condamnation par la science médicale, grâce au Magnétisme.

XVI

M. *Léon* Denis *homme de lettres, conférencier,* Tours.

Le Magnétisme est un don de la nature qui, appuyé sur l'expérience et l'etude produit des effets salutaires, soulage et guérit là ou souvent la médecine est impuissante. Dans tous les cas, son emploi n'offre aucun danger ; tandis que les procédés médicaux usuels entravent fréquemment l'action de la nature au lieu de l'aider.

XVII

M. *Félicien* Champsaur, *homme de lettres,* Paris.

Oui, mais suffisamment instruits.

Oh ! combien d'ânes officiels !!!

XVIII

M. A. Gravier, *ingénieur*, **Paris.**

Le Magnétisme, de même que toutes les forces de la nature, est propriété de la vie. Il se trouve partout.

Comme l'homme, les animaux, les végétaux, les minéraux même, ainsi que tous les agents de la nature ont leur Magnétisme.

L'action du Magnétisme humain s'exerce au moyen d'un fluide que l'âme dirige. Cette action ne dépend que de sa direction essentiellement libre.

Une loi qui essaierait de réglementer cette propriété au profit d'une catégorie d'individus exerçant une profession, soit médecins, hypnotiseurs, masseurs, magnétiseurs même, constituerait un attentat à la vie.

Liberté pour tous, en tout, partout et pour tout..., avec responsabilité, telle est ma conviction.

———

XIX

M. *Ch.* **Grandmougin,** *homme de lettres*, **Neuilly (Seine).**

Oui. — Il est des malades qu'on peut guérir par l'allopathie, d'autres par le Magnétisme.

— Mon défunt ami, M. Bué, qui était un magnétiseur remarquable a obtenu des cures bien intéressantes, et je m'en réfère à ses excellents ouvrages sur ce sujet complexe.

Le Magnétisme, comme l'hynotisme, n'est déjà plus relégué dans les rêves d'alchimistes et la fantaisie occulte; plus le monde vieillira et plus ce qu'on appelle le Surnaturel nous paraîtra normal.

———

XX

M. *Émile* **Michelet**, *homme de lettres*, Paris.

Je pense que toute connaissance des secrets de la nature est, — de même que la pratique de n'importe quel art, — personnelle, ésotérique et intransmissible. L'art de guérir, par quelque moyen que ce soit, appartient donc aussi bien à l'intuition spontanée d'un berger illettré qu'à la patiente étude d'un savant réel.

Quant à la loi, elle se préoccupe uniquement de réserver aux fils de la caste dirigeante la possibilité de gagner leur vie en exerçant la médecine. Mais elle n'atteint plus son but, parce qu'elle ne limite pas le nombre des médecins, dont le pullullement rend la carrière ingrate. La loi devrait donc choisir entre deux solutions : ou, selon le principe de sagesse profonde du Moyen-Age, limiter le nombre des médecins, ou s'abstenir, et laisser complètement libre l'exercice de la médecine. On n'en mourrait pas d'avantage.

XXI

M. le *comte* d'**Aboville**, *ancien député*, Paris.

Les malades doivent, à mon sens avoir la liberté de se faire soigner par qui leur inspire confiance, mais sous la réserve d'une répression sévère en cas d'impostures démontrées chez ceux qui se donnent comme guérisseurs.

XXII

M. *Clovis* **Hugues**, *député*.

Oui, à la condition qu'un médecin ait déjà prescrit ou autorisé le traitement par le massage.

XXIII

M. *Albert de* Roclas, Paris.

A en juger par ce qu'on obtient très nettement sur les *sensitifs*, les passes ont la propriétéd'agir sur ce qu'on appelle habituellement le fluide nerveux.

Il y aurait-là un phénomène analogue à celui de l'action des passes d'un aimant sur une barre d'acier.

Une répartition ou une circulation anormale de ce fluide nerveux détermine certainement beaucoup de maladies auxquelles le magnétiseur peut remédier s'il est suffisamment instruit dans la connaissance de l'organisme humain et suffisamment expert dans son art.

L'inconvénient de la méthode magnétique c'est qu'il faut, semble-t-il, pour obtenir un maximum d'action curative, certaines convenances physiologiques encore inexpliquées entre le magnétiseur et le malade.

______

XXIV

M, *Arsène* Alexandre, *critique d'art*, Paris.

Oui, comme je crois qu'on doit laisser toute berté à touś ceûx qui se proposent de rendre les hommes heureux (ou moins malheureux), en agissant sur leur imagination, ce qui est le but de toute thérapeutique et aussi de tout art, et ce qui est la seule force vraie laissée à l'homme contre les puissances ou les fatalités de la nature.

______

XXV

M. G. Buron, *administrateur de la Société générale*, Paris.

Oui, s'ils sont suffisamment instruits, mais comment le savoir? ______

XXVI

M. Aug. Cornet, *arbitre au Tribunal de Commerce, ancien conseiller municipal.*

Oui, d'abord en ce qui concerne les masseurs, dont le concours est d'une grande efficacité dans beaucoup de cas.

Je serai encore plus affirmatif à l'égard des magnétiseurs qui obtiennent très souvent des guérisons vraiment surprenantes, même lorsque les Maîtres de la médecine ont déclaré leur impuissance.

XXVII

M. *Jules* Lermina, *homme de lettres*, Paris.

Oui, à la condition que les mots « suffisamment instruits » soient bien définis et comportent une fonction absolument sérieuse.

XXIII

M. *Albert* Cim, *homme de lettres*, Paris.

Cette « instruction suffisante » devrait avoir pour sanction un Diplôme spécial.

XXIX

M. *Émile* Blémont, *homme de lettres*, Paris.

Oui, pourvu que l'*instruction suffisante* soit suffisamment garantie.

XXX

M. *Antide* Boyer, *député*.

Les docteurs eux-mêmes ont quelquefois recours à des praticiens intelligents.

Un réglement d'administration publique pourrait fixer les conditions requises.

XXXI

M. G. Montorgueil, *homme de lettres*, Paris.

Oui, car je suis toujours pour la liberté ; que celle-ci me paraît n'offrir aucun inconvénient ; qu'elle peut avoir quelques avantages; et qu'à tout prendre, le diplôme du médecin, surtout en ces matières spéciales, n'est pas une garantie bien sérieuse.

XXXII

M. Emm. Hache, *homme de lettres*, Bois-Colombes, (Seine).

En réponse à votre question : Deux fois, oui. Je suis avec vous de grand cœur, considérant que nul effort dans la pratique du *Bien* ne doit rencontrer d'obstacles, et que nulle source d'apaisement de quelque douleur que ce soit ne doit être tarie.

L'unique liberté, dont l'homme (digne de ce nom) doit à jamais jouir pleinement jusqu'à en user, a consisté, consiste et consistera à arrêter le vol des fléaux qui passent sur l'humanité.

XXXIII

M. E. Ballu, *ingénieur*, Ivry (Seine).

Le Magnétisme opère par le fluide.

Ce fluide est une force.

Cette force donne quelquefois la Vie.

Nier les bienfaits du magnétisme, c'est méconnaître les lois de la Nature et les principes de la Scien..

Le 4ᵉ état des corps, *l'état radiant*, né d'hier, démontrera aux plus incrédules que magnétisme et charlatanisme sont antonymes et non synonymes.

Le médecin n'a pas toujours les qualités requises par la nature pour le pratiquer avec chance de succès ; dans tous les cas, la pratique du Magnétisme doit rester libre.

XXXIV

M. J. Chessé, *ancien gouverneur de Tahiti et de la Guyane*, Sannois (Seine-et-Oise).

En ce qui est du magnétisme, je crois à sa puissance, mais sans pouvoir personnellement invoquer à l'appui aucun fait palpable.

Pour le massage, au contraire, il y a tant d'exemples de son utilité et de ses bienfaits — aujourd'hui et autrefois — comme aussi de son usage absolu dans l'antiquité, que je me demande comment il est possible d'avoir besoin de poser, aujourd'hui, une pareille question.

Les « rebouteux » ne rentrent-ils pas dans le massage, et tout le monde n'a-t-il pas plus ou moins constaté leurs cures admirables et en quelque sorte instantanées ?

En tous cas, et en dehors des pays d'Orient, où il a été religieusement conservé, le massage est d'un usage très répandu dans la plupart de nos colonies, où des indigènes, *sans diplômes*, le pratiquent avec succès. Je ne vois pas pourquoi il n'en serait pas de même dans la métropole.

Quant à la question « Diplôme » ou « Brevet », je suis sur le terrain du massage et du magnétisme — comme sur bien d'autres — *pour l'entière liberté, à la seule condition d'avoir, à côté, la responsabilité effective et rigoureuse.*

XXXV

M. Le Leu, *homme de lettres,* Paris.

Oui, liberté pleine et entière de guérir et d'être guéri, sous la double responsabilité et du guérisseur et du malade, afin d'apprendre graduellement à ce dernier à s'élever à la hauteur de certains animaux qui savent se guérir seuls.

Car, après un médecin, je ne connais pas d'être plus inepte qu'un malade, et le guérisseur est trop crucifié. Décidément, entre ces deux mauvais larrons : le médecin, ignorant et industriel, et le malade, stupide et ingrat, tous les deux sont égoïstes et féroces, sauf honorables exceptions.

Tout à fait d'accord avec mon ami Emile Michelet, je dis que nul ne peut juger la science d'un autre par la sienne propre, et que c'est là un axiome de ce sens droit de la justice, encore très Empyréen, malgré la prière quotidienne deux fois millénaire et jusqu'ici stérile : « *Adveniat regnum tuum.* »

XXXVI

M. *Edmond* **Duesberg,** *auteur dramatique, Paris.*

Oui, à la condition que les Masseurs et les Magnétiseurs donnent au public des garanties d'une instruction suffisante.

Je condamne le charlatanisme des pèlerinages à Lourdes et les guérisseurs dont la science se borne à soulager les gogos de leur bel argent.

XXXVII

M. Draner, *artiste dessinateur,* Paris.

Evidemment *Oui,* puisqu'on a obtenu par ce système, tant de nombreux résultats avantageux.

XXXVIII

M. G. Vitoux, *homme de lettres*, **Paris.**

Oui ! J'estime que la liberté doit être complète.
Tant pis pour ceux qui voudront faire une œuvre
dont ils sont incapables. Les tribunaux leur apprendront que l'audace ne saurait remplacer le
savoir.

XXXIX

M. F.-G. Dumas, *publiciste*, **Paris.**

Pour les masseurs la question ne se pose pas
puisqu'ils exercent librement leur profession. Il
serait cependant à désirer que nous ayons des
Ecoles officielles de massage comme en Suède, en
Allemagne et en Autriche où l'on puisse s'ins-
truire et obtenir des diplômes, car la majorité des
masseurs français et anglais ne connaissent pas le
premier mot de leur métier.

Quant aux magnétiseurs..... il devrait en être
de même, car pour l'application de cette science le
charlatanisme est peut-être plus à redouter.

XL

M. G. de Dubor, *homme de lettres*, **Paris.**

Oui, des masseurs ou magnétiseurs non médecins doivent pouvoir appliquer leur art au traitement des maladies, mais à une condition, c'est
qu'ils soient nantis d'un brevet spécial délivré aux
uns par une École de massage, aux autres par un
jury composé de médecins ou tout au moins de
personnes adonnées aux sciences magnétiques.

Des études spéciales sont, en effet, nécessaires
à mon avis, pour exercer, sans danger, l'art du
massage ou celui du magnétisme, mais il n'est
pas nécessaire d'être médecin pour cela.

XLI

M. H. Demesse, *homme de lettres*, Paris.

Oui... parcè qu'il ne faut pas entraver l'œuvre de quiconque a pour but de soulager ceux qui souffrent. Dès qu'il y a consentement du malade, le curateur ne doit plus répondre de ses actes que par devant sa conscience, et par devant la Loi s'il a causé un préjudice constaté... Est-ce qu'on ne laisse pas vendre, librément, mille drogues qui ne doivent rien au *Codex?* On a raison, puisqu'elles guérissent, au moins par suggestion, tant de gens, qui, journellement, en font usage, et vous les recommandent.

XLII

M. A.-J. Dalsème, *homme de lettres*, Paris.

Nul code, nulle civilisation, nul groupement humain n'a le droit d'interdire le bienfait raisonné des forces de la nature, qui, dans l'ordre matériel, sont à peu près aux dogmes scientifiques ce que, dans le domaine moral, les religions naturelles sont aux religions révélées.

XLIII

M. Alfred Erny, *homme de lettres, ex-membre de la Société des Auteurs dramatiques*, Paris.

Oui. J'appuie mon affirmation sur un soulagement très fréquent que j'ai éprouvé sous l'action du Magnétisme, même à distance.

XLIV

M Jules Allix, *publiciste*, Paris.

A M. Durville, directeur du *Journal du Magnétisme*, Paris.

Mon cher directeur,

J'ai reçu le *Journal du Magnétisme*, accompagné d'une *Pétition* aux Chambres en faveur des

Masseurs et des *Magnétiseurs qui guérissent*, où d'autres docteurs diplômés et patentés ne *peuvent pas le faire.*

Cette question du Magnétisme et du Massage est tellement simple qu'elle peut défier tous les législateurs eux-mêmes, lesquels, eux, en principe, n'y entendent absolument rien, — et sont, même, par leurs propres études, au contraire de la législation, dans la situation d'être supposés en dehors de ces théories elles-mêmes..

Pour ma part, je me reprocherais au nom de la vérité et de la science, de leur adresser quelque Pétition que ce soit, parce que la Vérité comme la Science seront toujours plus fortes que toutes les lois et toutes les embûches que l'on voudra dresser contre elles, afin de les empêcher. Je ne signerai donc pas la pétition que vous voulez bien proposer ; mais c'est une raison alors pour que je vous donne le motif qui m'engage à dire aux *masseurs* comme *aux magnétiseurs* que l'injustice légale qu'on leur oppose ne doit pas les décourager. Au contraire ! c'est la preuve que leur pratique de guérison fait de grands progrès, et qu'ils se doivent de persévérer dans leurs usages, lesquels finiront bien par triompher des mauvaises volontés qu'ils subissent.

Hé quoi ! Quand le baron Du Potet, faisait ses expériences, nul n'a jamais pensé à les lui disputer. La médecine riait purement et simplement de ses théories ; mais, à la fin, forcée de capituler ; quelqu'un lui inventa le mot *de suggestion*, laquelle n'est au fond, qu'une forme du Magnétisme lui-même ; et dès lors, l'Académie entra dans le mouvement de la médecine dite magnétique qu'elle pratique maintenant ouvertement, et dont aussi elle profite largement.

Le Massage et *le Magnétisme* lui-même sont devenus des *professions* comme les autres. J'ai vu des Enseignes et des Annonces qui les recommandent ; et les docteurs eux-mêmes les ordonnent et choisissent les expérimentateurs *qu'ils conseillent.*Il est vrai qu'ils le font en vertu même de leurs diplômes ; mais si les praticiens n'exerçaient pas leur art, est-ce qu'ils pourraient les conseiller ou ordonner ?

Non ! Disons que la loi est une protection le monopole en faveur des médecins contre les malades eux-mêmes, puisqu'il est de fait que *les cas,* où l'on a recours au massage ou au magnétisme, sont presque toujours des cas spéciaux que les diplômés ne guérissent pas, et où les médecins eux mêmes trouvent fort bon de s'adresser aux masseurs aussi bien qu'aux magnétiseurs dont il se font parfois et devraient se faire toujours d'uti les auxiliaires.

Si j'en avais le loisir, je profiterais de cette occasion pour montrer à la masse elle-même tous les services qu'elle pourrait recueillir des bienfaits du massage ; mais on m'accuserait de faire de la réclame en faveur des masseurs et ce n'est pas mon intention. Je désire pour ceux-ci et pour les magnétiseurs comme pour tous la liberté ; et si les intérêts de la médecine sont froissés, je dirai aux malades, puis aux masseurs et aux magnétiseurs : « *tant mieux ; continuez votre pratique ; les médecins seront bien forcés de capituler !* »

Autrefois, au Gymnase-Triat, nous connaissions toutes ces difficultés ; les avocats comme les médecins venaient profiter du Gymnase. L'antiquité montrait le massage en honneur. On a même aujourd'hui des établissements de Bains magnifiques, sous des dénominations diverses, que nul ne pense à inquiéter, puisque tous peuvent en profiter. Allez voir un peu si ce ne sont pas de petits ou même des grands établissements de massage.

Et quand au Magnétisme ; c'est encore plus

risible, vraiment ; car, dans toutes les Églises, on vous lit tous les jours l'Evangile, afin que l'on honore *le don de guérison* des apôtres ; mais ensuite on va poursuivre et condamner le zouave *Jacob* s'il le veut pratiquer !

Heureusement que nous voici arrivés à une période de la science où le Magnétisme triomphera. Seulement, en attendant, les administrations n'en sont qu'à l'électricité, dont elles font *de la lumière et de la traction*, avec les nombreux accidents qui lui font et feront son expérience !

Quand, il y a 50 ans, j'ai pu parler de la correspondance magnétique à distance, on m'a jeté la pierre, on en revient bien aujourd'hui, — et ce sera bien autre chose encore bientôt ; mais je n'en profite que pour dire aux Masseurs et aux Magnétiseurs : « *Continuez tranquillement votre œuvre et faites surtout savoir les oppositions qu'on vous fera ; c'est un moyen d'en profiter !* »

— Le temps prochain, si les docteurs vous font poursuivre, les rendra à ce point ridicule, — que nous pourrons alors leur dire, à eux-mêmes leur propre fait, — s'ils persévèrent dans leurs erreurs comme leurs livres en accusent. J'ai eu l'occasion de prier un Docteur de vouloir bien nous expliquer les *Evolutions de la Nature*, de Darwin, il s'est prudemment tenu coi.

Votre bien dévoué.

XLV

M. *Alfred* Duquet, *historien militaire*, Paris.

Partisan de la liberté, je réponds nettement *Oui*, sauf aux malades d'attaquer le masseur ou le magnétiseur comme civilement et pécuniairement responsable des accidents qui pourraient être causés par sa faute.

XLVI

M. *Camille* Debans, *homme de lettres*, Neuilly (Seine).

Oui ! Guérir d'abord. Le massage, au surplus, sorti des tatonnements, est aujourd'hui une science reconnue. Dans certains cas un masseur vaut deux médecins à la condition qu'il soit solidement instruit.

Quant au magnétisme, la question est plus délicate, une garantie s'impose. Pour cela, il faudrait que les Maîtres en exposassent la doctrine curative en quelques pages claires, lucides, bien ordonnées, sans phrases d'auteur. Surtout pas d'ésotérisme, pas d'expressions occultes. Ceux qui souffrent ont le droit d'exiger une démonstration limpide, frappante, dans la langue de tout le monde. Le progrès recherché en dépend.

XLVII

M. Spéro (Réponse publiée dans la *Paix universelle*, à Lyon, 16 avril).

Je ne sache pas de plus noble profession que celle du véritable magnétiseur-guérisseur. Il n'en est pas qui exige plus de dévouement, plus de noblesse d'âme, plus de générosité de cœur. Le magnétiseur dépense, prodigue sans compter sa propre vie pour soulager la santé de ses frères. Il donne le plus bel exemple, et le plus touchant de désintéressement, d'abnégation et d'esprit de sacrifice. Il exerce un véritable apostolat dans le sens complet du mot, car, en même temps que les souffrances physiques, il apaise les souffrances morales, il réconforte et guérit l'âme en même temps que le corps. C'est, en vérité, un bienfaiteur de l'humanité souffrante, et je suis heureux de rendre ici un hommage ému et légitime au très sympathique directeur de la *Paix universelle*, qui s'efforce de vulgariser et de défendre la cause du magnétisme curatif.

Aussi est-ce avec le plus douloureux étonnement mêlé d'indignation que j'ai appris la mesure inexplicable autant que rigoureuse et inique qui rappe des hommes que nous aimons et admirons. Cette mesure draconienne est d'autant plus stupéfiante qu'en général le magnétisme curatif est pratiqué dans les cas très fréquents où la médecine officielle est reconnue impuissante. Je veux parler notamment des maladies nerveuses qui affligent notre pauvre humanité. Comment admettre que le malade ou plutôt le patient, que délaissent les médecins diplômés, ou qui n'a pas confiance dans la thérapeutique officielle, n'ait pas le droit de recourir au magnétisme? Et, que vient faire le diplôme dans un cas où il ne s'agit plus de prescrire telle ou telle drogue pharmaceutique, mais où l'action magnétique seule est en jeu, et exige de la part du magnétiseur, non pas un intellect meublé de formules, mais l'*état d'âme* dont j'ai parlé plus haut, état d'âme qui consiste surtout dans le sentiment profond de l'humanité et dans l'immense désir d'être utile à ses semblables. C'est la science du cœur qui est ici nécessaire et non la science médicale officielle, qui ne veut voir dans le composé humain qu'un agrégat chimique d'où le principe animique spirituel est exclu. Pour qu'un médecin pratiquât le magnétisme curatif avec succès, il faudrait donc qu'il cessât d'être matérialiste pour devenir spiritualiste de ferme conviction, c'est-à-dire qu'à sa personnalité actuelle s'en substituât une autre, absolument opposée, desideratum chimérique autant qu'absurde.

La conséquence de cet état de choses est facile à tirer ; c'est que la médecine officielle est forcément, fatalement ennemie-née du magnétisme curatif. Il y a, m'objectera-t-on, des exceptions.

Soit, mais ces exceptions sont si rares qu'elles confirment la règle. L'hypnotisme, objectera-t-on encore, est accepté et pratiqué par la science médicale. Je ne l'ignore pas ; mais l'hypnotisme n'est qu'un des aspects inférieurs du magnétisme et ne saurait, sous aucun rapport, être assimilé au magnétisme curatif. J'ajouterai qu'il se différencie totalement de ce dernier en ce qu'il présente autant de dangers que le magnétisme curatif offre d'avantages. Nous entrons ici, en effet, dans le domaine de la suggestion dont nul n'ignore les conséquences funestes, et parfois l'usage criminel.

L'interdiction prononcée est donc une atteinte grave à la liberté individuelle, en ce qu'elle a de plus intangible et de plus sacré, le droit imprescriptible pour chacun de chercher un allégement à ses maux par tous les moyens possibles. On a démontré surabondamment dans la *Paix universelle* combien est faillible la science, ou plutôt l'art médical. Que d'erreurs de diagnostic, et partant que de traitements propres à aggraver l'état des malades ? A part un certain nombre de cas bien déterminés et connus, on peut affirmer que la médecine en est encore aux tâtonnements. — Tout homme intelligent en arrive à cette conclusion logique et toute naturelle qu'en dehors des cas spécifiés ci-dessus, sur la nature desquels il ne saurait y avoir aucun doute, il doit être son propre médecin et rechercher, surtout dans l'hygiène appropriée à sa constitution et à son tempérament un palliatif à ses maux.

En réalité, chacun se soigne à sa guise. Or, la simple constatation de ce fait démontre péremptoirement l'inanité et l'insanité de la prohibition contre laquelle proteste le bon sens aussi bien que le sentiment d'équité et la notion de la justice élémentaire. Comment ! le médecin diplômé a seul le droit de combattre les maux qui assiègent l'humanité, et chacun s'affranchit de son contrôle, dédaigne sa science, et se soigne comme il l'entend ! Mais alors, ce ne sont pas seulement les magnétiseurs-guérisseurs qui sont les délinquants, ce sont les malades eux-mêmes, qui se moquent d'Hippocrate et de Galien. Et ils sont d'autant plus coupables qu'*étant souffrants*, ils sont moins que personne qualifiés pour remédier à leurs souffrances ? De par le récent verdict, tout membre souffrant de la collectivité humaine qui ne fait pas appeler un disciple d'Hippocrate pour juger son cas est, *ipso facto*, en contravention ; c'est un insoumis, presque un insurgé.

Et qu'on ne crie pas à l'exagération ! J'en appelle à tous les lecteurs de bonne foi ; tous reconnaîtront qu'ils se sont maintes fois substitués au médecin en se guérissant eux-mêmes de beaucoup de malaises et même d'affections pénibles quoique ne présentant pas un caractère grave. Nulle inquisition n'empêchera jamais que chacun n'use à son gré des remèdes qu'il jugera de nature à rétablir l'état normal de sa santé.

Rassurons-nous, d'ailleurs, nos magistrats n'ont point songé à instituer cette inquisition d'un genre inédit. Mais alors, si j'ai le droit de faire usage de tel ou tel produit pharmaceutique sans l'approbation du docteur, comment prétendez-vous me priver du droit de me faire magnétiser par qui bon me semble, si j'attends de cette opération un soulagement à mes maux, que je n'espère plus de la médication officielle ?

Cette prohibition, attentatoire à la liberté individuelle, — inique et tyrannique à l'égard du magnétiseur-guérisseur, dans lequel elle opprime, j'y insiste, un véritable bienfaiteur de l'humanité souffrante, — constitue donc, en même temps, une inconséquence et un illogisme.

En résumé, et pour conclure, j'estime que les magistrats qui ont prononcé cette sentence incon-

cevable ont été mal renseignés, se sont laissés
« hypnotiser » par les criailleries des médecins
qui n'en recueilleront pas un client de plus. C'est,
sans aucun doute, ce que comprendront nos législateurs qui sauront reconnaître et définir les droits
légitimes des magnétiseurs et des malades ; je
devrais dire *des malades d'abord, des magnétiseurs ensuite.*

XLIII

M. **Edmond Thiaudière,** *homme de lettres*, Asnières,
Seine.

Je devrais peut-être répondre non, si je raison-
nais par atavisme, car je suis issu de plusieurs
générations de médecins : mon père, mon aieul,
mon bisaïeul et mon trisaïeul paternels ayant con-
sacré leur vie à la thérapeutique. Cependant, j'ai
toujours estimé, comme philosophe, que s'il est
prudent, dans la plupart des cas, de faire de l'art
de guérir le monopole de gens diplômés, il y a des
circonstances où il devient très fâcheux que des
non diplômés, mais ayant — ou cette intuition
naturelle qui jadis distinguait certains thauma-
turges, ou une puissance nerveuse extraordinaire,
ou une prestigieuse habileté d'œil et de main, —
en un mot, des dons spéciaux et qui ne se rencon-
trent pas toujours chez les médecins de profession, même les plus instruits, fussent dans l'impossibilité, faute d'un diplôme, de réaliser le
bien dont ils sont capables.

Je voudrais donc que toute personne d'une cul-
ture intellectuelle suffisante et d'une *irréprocha-
ble moralité,* pût, sans être inquiétée, essayer de
guérir par le massage et le magnétisme des maladies qui, trop souvent, hélas, résistent à tout autre
genre de traitement.

Mais la difficulté est celle-ci : Comment pré-
server la société contre les pratiques, quelquefois

très dangereuses, d'autres fois criminelles, de vils charlatans, n'ayant ni science, ni conscience

Comment l'aptitude et la moralité des thérapeutes amateurs seraient-elles garanties ?

Si l'on en trouvait le moyen, je répondrais : *Oui*, sans réserve aucune.

XLIX

M. Léon Duvauchel, *homme de lettres*, Paris.

Oui ! certes, l'expérience, élargie de science sérieuse, doit armer le praticien d'un pouvoir digne qu'on ait recours à lui et qu'on espère...la guérison.

L

M. Georges de Massue, *publiciste*, Paris.

Oui, les masseurs, non médecins, peuvent appliquer leur art au traitement des maladies, à la condition toutefois de se réunir en asssociation ou corporation et de s'entendre entre eux sur la valeur des conuaissances et sur les conditions de moralité qui seront exigées de chacune des unités de la corporation.

Pour les magnétiseurs, considérant que les applications du magnétisme ne sont pas encore toutes scientifiquement établies ; que plusieurs, cependant, donnent des résultats certains ; considérant que l'emploi du magnétisme exige de celui qui le pratique la plus haute moralité, il n'y a pas lieu, pour l'instant de le subordonner au droit civil ; mais les applications qu'on en peut faire doivent demeurer libres sous la simple garantie du droit commun.

OUVRAGES DE PROPAGANDE

à 20 centimes

ANTONIO DE NOCERA. — *Anarchie et Spiritualisme.*

DE BEZOBRAZOW (Mme). — *La Femme dans l'Éducation. Féminisme spiritualiste.*

DANIAUD. — I. *L'Art médical.* — II. *Note sur l'Enseignement et la Pratique de la médecine en Chine,* par un LETTRÉ CHINOIS. — III. *Extrait de la Correspondance* Congrès du libre exercice de la médecine). — IV. *Articles de journaux* (même sujet).

H. DURVILLE. — *Rapport au Congrès* sur les Travaux de la *Ligue* et l'organisation du *Congrès.*sAppréciation de la presse, arguments en faveur du libre exercice de la médecine

— *Compte-rendu des Travaux du Congrès* (libre exercice de la médecine). Discours, discussions, réponse aux questions du programme, vœux et résolutions.

— *Application de l'Aimant au traitement des maladies,* 6e édition, avec Portraits, Figures et Vignettes.

- *Idem.* Traduction espagnole, avec fig., par Ed **E. Garcia.**

— *Idem.* Traduction allemande, avec fig., par **von Pannitz.**

— *Idem.* Traduction italienne, avec fig., par **Pons.**

— *Le Massage et le Magnétisme menacés par les médecins.* Le procès Mouroux à Angers.

FABIUS DE CHAMPVILLE. — I. *La Liberté de tuer; la Liberté de guérir.* — II. *Le Magnétisme et l'Alcoolisme.*

— *La Transmission de Pensée.*

— *La Science psychique,* d'apr. l'œuvre de M. **Simonin,** 1 fig.

HAWEIS. — *Les Tendances du Spiritualisme moderne.*

JOUNET. — *Principes généraux de Science psychique.*

— *La Doctrine catholique et le Corps psychique.*

PAPUS. — *L'Occultisme.*

— *Le Spiritisme.*

ROUXEL. — *La Liberté de la médecine.* 2 broch. — I. La Pratique médicale chez les anciens. — II. id., chez les modern.

— *Théorie et Pratique du Spiritisme.* — Consolation à Sophie. L'âme humaine. Démonstration rationnelle et expérimentale de son existence, de son immortalité et de la réalité des communications entre les vivants et les morts.

à 30 centimes

CHESNAIS. — *Le Trésor du Foyer.* Poisons et Contre-poisons, Recettes, Conseils, etc...

H. DURVILLE. — *Arguments des Médecins* en faveur de la pratique du Massage et du Magnétisme par les Masseurs et les Magnétiseurs. 4 brochures.

— *Arguments des Savants,* Hommes de lettres, Hommes politiques, artistes et Notabilités diverses en faveur de la pratique du Massage et du Magnétisme par les Masseurs et les Magnétiseurs 4 brochures.

— *Le Massage et le Magnétisme* sous l'empire de la loi du 30 novembre 1892 sur l'exercice de la médecine.

— *Le Magnétisme considéré comme Agent lumineux,* avec 13 figures.

— *Le Magnétisme des Animaux.* Zoothérapie. Polarité.

— *Lois physiques du Magnétisme, Polarité humaine.* Traduction espagnole, par Ed. E. Garcia.

— *Procédés magnétiques de l'auteur.* Traduction espagnole, par **Ed E. Garcia.**

— *Idem,* Traduction italienne, par **E. Ungher.**

Lucie Grange. — *Manuel du Spiritisme.*

Deboissouze. — *Guérison immédiate de la Peste,* de toutes les Maladies infectieuses et autres Maladies aiguës et chroniques.

La Graphologie pour Tous.—Exposé des principaux signes permettant très facilement de connaître les qualités ou les défauts des autres par l'examen de leur écriture, etc., avec fig

L. Gueneau.—*La Terre.* Évolution de la Vie à sa surface, son passé, son présent, etc., par Em. Vauchez (compte-rend.

Lebel. — *Essai d'Initiation à la Vie spirituelle.*

Manuel-Guide du Collectionneur de Timbres-poste.

Mouroux. — *Le Magnétisme et la Justice française devant les Droits de l'Homme.* Mon Procès.

Pelin. — *La médecine qui tue ! Le Magnétisme qui guérit. Le Rêve et les Faits magnétiques expliqués. Homo Duplex*

La Psychologie expérimentale. Manifeste adressé au Congrès Spiritualiste de Londres, par le *Syndicat de la Presse Spiritualiste de France.*

Dʳ Tripier. — *Médecine et Médecins.* Un coin de la Crise ouvrière au XIXᵉ siècle,

P. Turbau.—*Les Secrets du Braconnage dévoilés et expliqués.*

à 60 centimes

J. M. Berco.— *Analogies et Différences entre le Magnétisme et l'Hypnotisme,* avec 8 portraits.

M. Decrespe. — *Recherches sur les Conditions d'expérimentation personnelle en Physio-psychologie.*

H. Durville—*L'Enseignement du Magnétisme,* à l' « Ecole pratique de Magnétisme et de Massage ». Règlements statutaires. Programme et Renseignements divers.

L. Gueneau.—*Respect à la Loi.* L'Expulsion des Jésuites

Revel. — *Lettre au Dʳ J. Dupré sur la Vie future,* au point de vue biologique. Complément du sommaire *des éditions de 1887-90-92. Rêves et Apparitions.*

à 1 franc.

H. Durville. — *Théorie et Procédés du Magnétisme,* avec 8 Portraits et 39 Figures dans le texte.

Dʳ Foveau de Courmelles.— *Le Magnétisme devant la Loi.* Mémoire lu au Congrès de 1889, avec un Post-scriptum ajouté en 1897.

PORTRAITS

En photogravure à 30 centimes

Agrippa, Aksakof, Allan Kardec, Apolonius de Thyane, Bertrand, Braid, Bué. Cagliostro, Cahagnet, Charcot Charpignon, W. Crookes, G. Delanne, Deleuze, Leon Denis, Durand (de Gros), Durville, G. Fabius de Champville, Greatrakes, Van Helmont, Kiecker, *l'abbé* Julio, Lafontaine, Lavater, Liebault, Luys, Mesmer, Mouroux, Papus, Paracelse, Petetin, du Potet, le marquis de Puységur, Ricard, A. de Rochas, Roger Bacon, Swedenborg, Teste.

Photographies et Phototypies à 1 franc

Allan Kardec, Cahagnet, J.-M. Colavida, Deleuze, H. Durville, C. Flammarion, Lucie Grange, Van Helmont, le zouave Jacob, Lafontaine, de Puységur, Ricard, Rostan, Salverte, *Le Tombeau* d'Allan Kardec.

BIBLIOTHÈQUE DU MAGNÉTISME

Les ouvrages anciens ne se trouvent que dans les grandes bibliothèques, et les nouveaux sont trop nombreux pour que tous ceux qui s'intéressent au progrès magnético-spiritualiste puissent se les procurer. Sauf quelques rares exceptions, les bibliothèques publiques ne consentent pas le prêt à domicile; elles ne contiennent guère que de l'histoire et de la littérature; elles n'ont pas d'ouvrages anciens, et les nouveaux ne sont classés et mis à la disposition du public que longtemps après leur publication.

C'est pour combler cette lacune que M. Durville eut l'idée, qui reçut un commencement d'exécution en 1880, de fonder, sous le nom de *Bibliothèque du Magnétisme*, à l'instar de la *Circulating Library* de Londres pour la littérature, une bibliothèque circulante concernant exclusivement les ouvrages de Magnétisme, d'Hypnotisme, de Spiritisme, d'Occultisme et autres Sciences qui s'y rattachent.

La *Bibliothèque du Magnétisme*, qui devient de plus en plus considérable, se compose aujourd'hui : 1° de plus de 6,000 volumes sur le Magnétisme et sur toutes les branches du savoir humain qui s'y rattachent; 2° de la collection complète de presque tous les journaux du monde qui ont paru sur ces questions; 3° de plus de 600,000 gravures, portraits, autographes, médailles, articles de journaux, notes sur les hommes et les choses ou objets divers classés méthodiquement, et constituant un véritable *Musée du Magnétisme*.

Pour favoriser l'étude du Magnétisme, tous les documents de cette volumineuse collection sont communiqués sur place aux intéressés, et tous les volumes sont confiés au public aux conditions suivantes :

Abonnement d'un an	25 fr. »
— six mois	13 »
— trois mois	7 »
— un mois	2 50
— par jour	» 10

Pour les Professeurs et les Élèves de l'*École pratique de Magnétisme et de Massage*, l'abonnement annuel est réduit à 10 francs.

Tous les volumes sont remis contre nantissement ou expédiés en gare, dans toute l'Europe, aux frais du destinataire. — La *Bibliothèque du Magnétisme* est ouverte le jeudi et le dimanche, de 9 heures à midi; les autres jours, de 1 heure à 4 heures. (Il n'y a pas de catalogue imprimé.)

ENSEIGNEMENT SUPÉRIEUR LIBRE

ÉCOLE PRATIQUE DE MAGNÉTISME ET DE MASSAGE

(Faculté libre des Sciences magnétiques)

Fondée en 1893.—Autorisation en date du 28 Mars 1895.

M. H. DURVILLE, *Directeur*

MM. les docteurs ENCAUSSE et MOUTIN, *Directeurs-adjoints*

23, rue Saint-Merri, Paris, 4ᵉ

L'École a pour but de former des *Masseurs-praticiens* expérimentés et de mettre le Magnétisme thérapeutique à la portée des gens du monde.

L'Enseignement comprend l'Anatomie descriptive, la Physiologie, l'Histoire du Magnétisme et du Massage, la Physique magnétique, les Théories et Procédés du Magnétisme et du Massage, la Pathologie, la Thérapeutique et les différentes formes du Massage pratique, d'abord le Massage hygiénique, puis le Massage suédois, le Massage médical français, le Massage orthopédique, et enfin, le Massage magnétique.

Cet enseignement, qui est fait dans des cours théoriques, pratiques et cliniques, comprend deux degrés, et peut se faire complètement en deux années. S'ils ont les connaissances suffisantes, les élèves de première année reçoivent le *Diplôme de Magnétiseur-praticien*; ceux de seconde année, le *Diplôme de Masseur-praticien*. Avec le premier, l'élève est suffisamment instruit pour pratiquer avec succès le Magnétisme et le Massage hygiénique; avec le second, il possède toutes les aptitudes pour servir d'auxiliaire au médecin dans la pratique du Massage médical.

Les *Cours théoriques et pratiques* ont lieu le lundi, le mercredi, le vendredi et le samedi, à 8 heures 1/2 du soir, du 10 octobre au 30 juin; les *Cours cliniques*, le jeudi et le dimanche, à 9 heures du matin, pendant toute l'année.

Le magnétisme humain est une force inhérente à l'organisme et toute personne dont la santé est équilibrée peut guérir ou soulager son semblable. Dans la plupart des cas, sans connaissances médicales bien étendues, l'homme peut être le médecin de sa femme; celle-ci, le médecin de son mari et de ses enfants.

Dans les maladies graves où la vie est en danger, quelques magnétisations faites dans les règles de l'art suffisent presque toujours pour faire cesser les symptômes alarmants. Un parent, un ami, un domestique animé du désir de faire le bien, peut souvent acquérir en quelques jours les connaissances suffisantes pour guérir la maladie la plus rebelle, si les organes essentiels à la vie ne sont pas trop profondément altérés.

L'Enseignement de l'*École* est destiné à obtenir ce résultat chez les gens du monde, autant qu'à former des Magnétiseurs et des Masseurs professionnels.

En dehors de l'enseignement donné à l'*École*, le Directeur et les Professeurs se mettent à la disposition de ceux qui ne peuvent pas se déplacer, soit à Paris, en province et même à l'étranger, pour organiser le traitement au lit du malade et mettre un parent, un ami, en état de continuer le traitement.

Sauf pendant l'été, le Directeur reçoit le jeudi et le dimanche, de 10 heures à midi; les autres jours, de 1 heure à 4 heures.

CONSEILS PRATIQUES
A la portée de tout le monde
POUR LE TRAITEMENT DE TOUTES LES MALADIES

Les Conseils pratiques sont le résumé des *Cours de Pathologie et Thérapeutique* professés à l'Ecole pratique de Magnétisme et de Massage, par H. DURVILLE. Rédigés dans un style simple et concis qui les met à la portée de toutes les intelligences, avec les exemples de guérisons montrant la simplicité et la valeur de la méthode, ces *Conseils* permettent au père et à la mère de famille, ainsi qu'à l'amateur, d'appliquer le Magnétisme et le Massage magnétique avec succès, au soulagement et à la guérison des diverses maladies dont leurs enfants, leurs parents, leurs amis peuvent être affectés. (Pour bien comprendre le mode d'application, ceux qui ne connaissent pas le Magnétisme doivent lire les *Théorie et Procédés magnétiques* de l'Auteur, ouvrage de propagande illustré de 8 Portraits et 39 Figures. Prix: 1 franc.)

Les Conseils pratiques publiés s'appliquent aux cas suivants:

Abcès, Accouchement et ses suites, Acné, Age critique, Albuminurie, Amaurose, Aménorrhée, Amygdalite, Anasarque, Angines, Angine de poitrine, Anémie, Anémie cérébrale, Anthrax, Apoplexie cérébrale, Arthrite, Arthrite fongueuse, Ascite, Asthme, Ataxie locomotrice, Avortement spontané, Battements de cœur, Blépharite, Bronchite, Bronchorrée, Broncho-pneumonie, Brûlures. — *Catalepsie, Catarrhe pulmonaire, vésical, Cauchemar, Céphalalgie, Chlorose, Choroïdite, Chute des Cheveux, Clous, Congestion cérébrale, Conjonctivite, Contusions, Constipation, Convulsions chez les enfants, Coqueluche, Coupures, Coxalgie, Crampes, Crampes d'estomac, Crampe des écrivains et des pianistes, Crises de nerfs, Croup, Cystite.* — *Danse de Saint-Guy, Dartres, Défaillance, Délire, Delirium tremens, Diabète, Diarrhée, Dilatation d'estomac, Double conscience, Dysenterie, Dysménorrhée, Dyspepsie.* — *Eclampsie, Eczéma, Emphysème, Encéphalite aiguë, Encéphalite chronique, Engelures, Enrouement, Entérite, Entorse, Erysipèle, Epilepsie, Esquinancie, Essoufflement, Etat nerveux, Etourdissements.* — *Fausse-couche, Favus, Fibromes, Fièvres éruptives, Fièvres cérébrale, muqueuse, typhoïde, puerpérale, Fleurs blanches, Fluxion de poitrine, Folie, Furoncles.* — *Gastralgie, Gastrite, Gastro-entérite, Glaucome, Goître, Goutte, Goutte sereine, Grippe, Grossesse.* — *Hallucinations, Hémiplégie, Hémorrhoïdes, Herpès, Hydarthrose, Hydrocèle, Hydrocéphalie, Hydropisie, Hydrothorax, Hypocondrie, Hystérie.* — *Incontinence d'urine, Influenza, Ictère, Idiotie, Imbécilité, Impulsions, Insomnie, Iritis.* — *Jaunisse.* — *Kératite.* — *Lait répandu, Laryngite, Léthargie, Leucorrhée, Lumbago.* — *Mal de tête, de gorge, de dents, Maladie de Bright, Manies hystériques, Mélancolie, Méningite, Ménopause, Monorragie, Métrite, Métrorragie, Meurtrissures, Migraines, Myélite.* — *Néphrite, Nervosisme, Neurasthénie, Névralgie simple, Névralgie faciale, Névrose.* — *Obésité, Obsession, Odontalgie, Œdème, Ophtalmie, Oppression, Otalgie, Otite, Otorrhée, Ovarite.* — *Pâles couleurs, Palpitations de cœur, Panaris, Paralysie simple, Paralysie faciale, Paraplégie, Pélade, Pemphigus, Péritonite, Pharyngite, Phlébite, Phtisie pulmonaire, Phtisie laryngée, Plaies, Pleurésie, Pleuro-pneumonie, Pleurodynie, Pneumonie, Prostatite, Prurigo, Psoriasis.* — *Rachitisme, Rétinite, Retour d'âge, Rhumatisme, Rhume, Roséole, Rougeole, Rubéole.* — *Sarcomes, Scarlatine, Sciatique, Scoliose, Somnambulisme spontané, Spasmes, Suppressions de règles, Surdité, Surdi-mutité, Syncope.* — *Teigne, Tic douloureux, Torticolis, Tremblement, Tumeurs, Tumeurs blanches.* — *Ulcères, Ulcère variqueux, Uréthrite, Urticaire, Vaginite, Varices, Varicèle, Varicocèle, Variole, Vertige, Vomissements, Vomissements incoercibles de la grossesse.* — *Zona.*

Un Conseil pratique, dans un Nº du *Journal du Magnétisme* ... 50 cent.
10 *Conseils pratiques,*   id.   ... 3 fr.
25   —   id.   ... 6 fr.
50   —   id.   ... 10 fr.

La collection complète est insérée dans 6 volumes du *Journal du Magnétisme*. Prix des 6 volumes.................... **15 fr.**

TRAITEMENT DES MALADIES

à la portée de tous les malades, par les aimants vitalisés du Professeur H. DURVILLE

Les aimants vitalisés guérissent ou soulagent toutes les maladies. L'immense avantage qu'ils possèdent sur tous les autres modes de traitement, c'est que l'on peut, selon la nature de la maladie, augmenter ou diminuer l'activité organique et rétablir ainsi l'équilibre des forces qui constitue la santé. Les douleurs vives cessent au bout de quelques instants, les accès deviennent moins fréquents et la guérison se fait sans modifier son régime et ses habitudes.

Leur emploi se généralise dans le traitement des diverses maladies et plus particulièrement dans les cas nerveux, où les médicaments font souvent du mal, même en guérissant. Ces aimants comprennent plusieurs catégories :

Lames magnétiques

Au nombre de 4, elles s'emploient dans les cas suivants :

Le n° 1 : Contre la crampe des écrivains et des pianistes, les affections des bras, du bas des jambes, des pieds et l'organe génital chez l'homme.

Le n° 2 : Contre les affections des jambes, de la gorge et du larynx.

Le n° 3 : Contre les bourdonnements, la surdité, la migraine, les maux de dents, les névralgies, l'insomnie, les maux de tête et toutes les affections du cerveau, y compris les affections mentales. — Contre la sciatique.

Le n° 4 : Contre les affections des reins, des poumons, du foie, du cœur, de la rate, de l'estomac, de l'intestin, de la vessie, de la matrice et des ovaires. — Contre les maladies de la moelle épinière.

Ces lames, qui ne diffèrent que par la courbure et la longueur, ne répondent pas à tous les besoins; on fait des lames dites *spéciales* ne portant pas de numéro, qui servent dans certains cas. — *Prix de chaque lame............ 5 fr.*

Plastrons magnétiques

Dans beaucoup de maladies anciennes et rebelles, une seule lame n'est pas toujours suffisante pour vaincre le mal. Pour obtenir une plus grande somme d'action, plusieurs lames sont réunies pour former des *plastrons.*

Les plastrons valent 10, 15 ou 20 fr., selon qu'ils ont 2, 3 ou 4 lames.

Barreau magnétique

Avec accessoires pour magnétiser les *boissons* et aliments.

Prix de chaque appareil.............................. 10 fr.

Bracelet magnétique

Bijou très élégant. — S'emploie contre tous malaises : maux de tête ou d'estomac, palpitations et battements de cœur, névralgie et migraine légères, douleurs dans les bras, crampe des écrivains et des pianistes, etc., etc. On le fait de quatre grandeurs : sans numéro pour les enfants; avec les numéros 1, 2, 3, pour les grandes personnes. Pour celles-ci, indiquer la grosseur du poignet par l'un des mots *petit, moyen, gros.*

Prix du bracelet, quelle que soit la grandeur.............. 10 fr.

Sensitivomètre

S'emploie surtout pour se rendre compte si les personnes sont susceptibles d'être endormies par le magnétisme ou par l'hypnotisme et pour mesurer leur degré de sensitivité. — *Prix de chaque sensitivomètre........ 10 fr.*

Porte-Plume magnétique

contre la crampe des écrivains. *Prix du porte-plume .... 5 fr.*

Les aimants du professeur Durville sont soumis à l'aimantation ordinaire et à une opération spéciale : la **vitalisation**, qui augmente considérablement leur puissance curative. Quoiqu'ils perdent peu de leur aimantation, la *force vitale* disparaît plus ou moins au bout de 2 à 4 mois, selon l'usage qu'on en fait. Il faut alors les renvoyer à M. Durville, qui en renvoie des neufs, moyennant la moitié du prix qu'ils ont coûté.

Les malades peuvent choisir eux-mêmes les appareils qui leur sont nécessaires; toutefois, dans les cas compliqués, il est préférable d'exposer à M. Durville, la nature, la cause, les symptômes de la maladie, l'époque depuis laquelle on souffre, etc. En précisant le mode d'emploi, il indique les appareils que l'on doit employer avec le plus de chance de succès.

Toute demande doit être accompagnée d'un mandat à l'ordre de M. Durville, 23, rue St Merri, Paris. Pour la France et l'Algérie, les envois sont faits franco en gare; pour l'Étranger, ajouter le montant du colis-postal à celui de la commande. Pour les pays où les envois d'argent sont coûteux, on accepte le paiement en timbres-poste (des plus petites valeurs), moyennant une augmentation de 15 0/0.

LE JOURNAL DU MAGNÉTISME

du Massage et de la Psychologie, fondé en 1845 par le Baron
Du Potet, paraît tous les mois en un fascicule de 32 pages sous couverture.

Il publie les principaux travaux de la *Société magnétique de France*
dont il est l'organe, ainsi que le *Compte rendu* de ses séances; le programme des *Cours de l'École pratique de Magnétisme et de Massage*;
des *Travaux originaux* sur le Massage, le Magnétisme, le Spiritisme,
l'Occultisme; des *Cures magnétiques*; des *Conseils pratiques* permettant
à ceux dont la santé est équilibrée d'appliquer le Magnétisme et le Massage
magnétique au traitement des maladies; des notes sur l'*Hygiène* et la *Médecine usuelle*; une *Revue des Livres nouveaux*; des *Actualités*, des
Informations; le *Portrait*, avec notes biographiques des célébrités
magnétiques, etc. Une *Tribune pour tous* et une *Insertion* d'une ligne sur
la couverture met directement les lecteurs en relation les uns avec les autres.

Ayant toujours été dirigé par les Maîtres de la Science magnétique, le
Journal du Magnétisme forme aujourd'hui une collection de 29 volumes
qui est le répertoire le plus complet des connaissances magnétiques.
Les 20 premiers volumes (de 600 à 800 pages, petit in-8) furent publiés
par le Baron Du Potet, de 1815 à 1861; les volumes suivants (de 300 à
450 pages grand in-8°, impression sur deux colonnes), par le directeur actuel.
Prix de chacun des 23 premiers volumes de la collection.... **10 fr.**
Prix du 24ᵉ volume............................ **5 fr.**
Prix de chacun des 25ᵉ, 26ᵉ, 27ᵉ, 28ᵉ et 29ᵉ volume......... **3 fr.**
Prix de l'abonnement annuel (pour toute l'Union postale)...... **10 fr.**
Prix d'un numéro: **75 centimes.** — ANNONCES, *la ligne* **2 fr.**

Prime de Remboursement aux Abonnés.

1° A ceux qui ont besoin d'être connus. — Par une insertion d'une ligne
répétée dans tous les numéros du journal pendant la durée de l'abonnement.

2° A ceux qui ont besoin de connaître. — Avec les *Aimants
vitalisés* du professeur H. Durville, les *Portraits* et *Ouvrages* de propagande, les anciens numéros du *Journal* ou les *Conseils pratiques*
comptés à raison de 50 centimes.

Pour obtenir l'une ou l'autre de ces *Primes de Remboursement*, il est
indispensable de s'abonner directement à la *Librairie du Magnétisme*,
ou par l'envoi d'un mandat à l'ordre de M. H. Durville. La première est
accordée sans aucun supplément; pour obtenir la seconde, ajouter 1 fr. 50
au montant de l'abonnement annuel, soit 11 fr. 50 au lieu de 10 fr. (Les
aimants ne sont envoyés à l'Etranger qu'en ajoutant le montant du colis postal).

Prime à ceux qui ne sont pas abonnés.

A titre de Prime, le *Journal du Magnétisme* peut être adressé pendant un an, moyennant la somme de 3 francs: Aux Elèves de l'*Ecole
pratique de Magnétisme et de Massage*, aux abonnés de la *Bibliothèque
du Magnétisme*, à ceux qui se procurent des ouvrages quelconques par
l'intermédiaire de la *Librairie du Magnétisme*, à tous ceux qui emploient
les *Aimants vitalisés* du professeur H. Durville, aux malades soignés à la
Clinique de l'Ecole pratique de Magnétisme et de Massage et à la
direction de l'*Ecole*, à tous les *Consultants*, et en général, à tous ceux
qui, à un titre quelconque, font quelque dépense à la direction du *Journal*.

Paris. — Impr. A. MALVERGE 171, rue Saint-Denis.

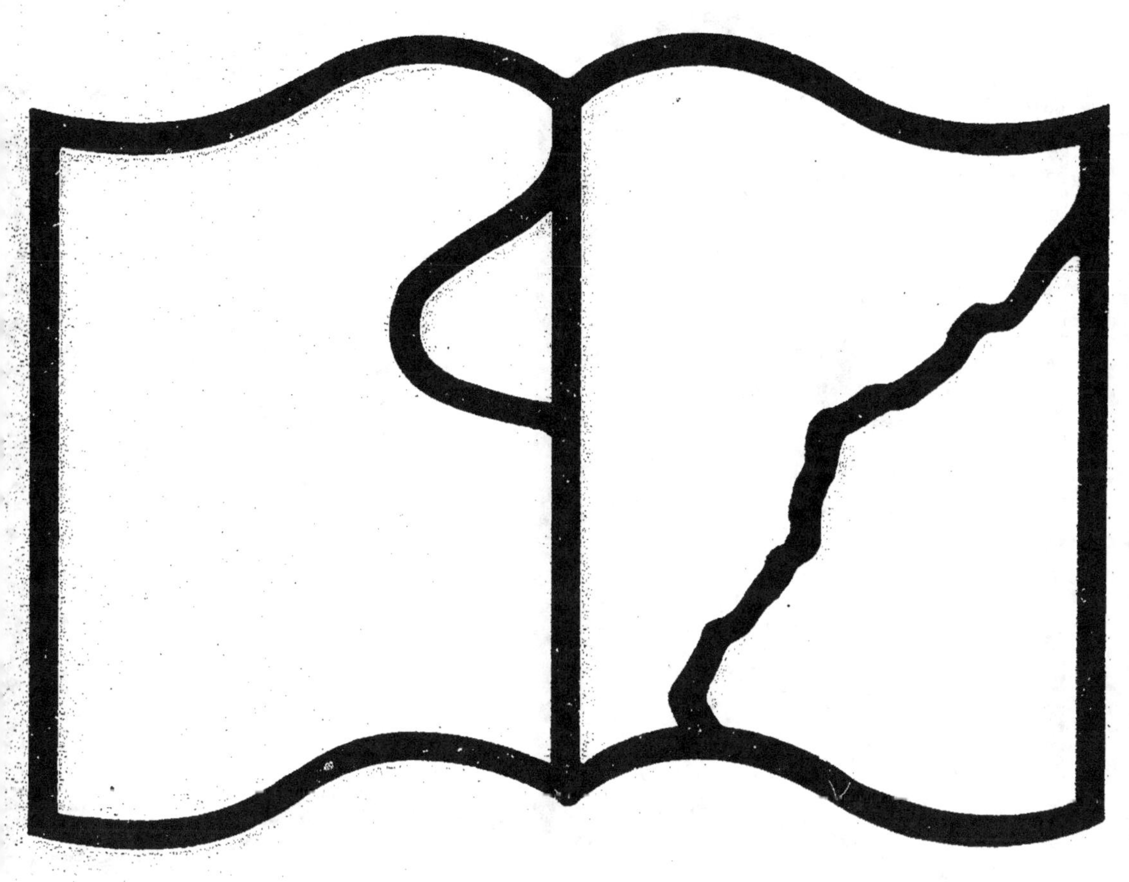

Texte détérioré — reliure défectueuse

NF Z 43-120-11

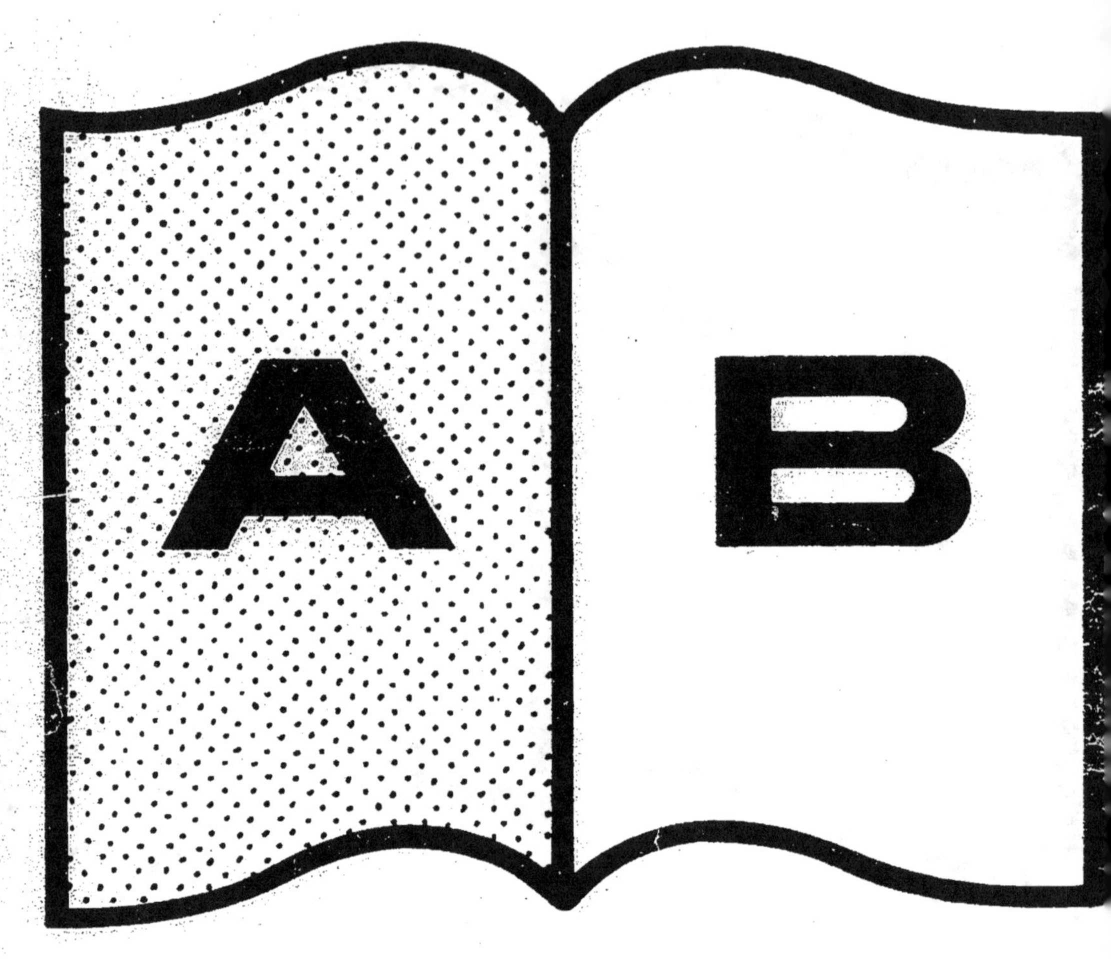

Contraste insuffisant

NF Z 43-120-14